# 「いいんだよ」は魔法の言葉

君は君のままでいい

立花高等学校 監修
梓書院 編著

梓書院

**立花高校書道部の作品**

「よかよか」全部ひっくるめて　それが君です（校長先生の言葉より）

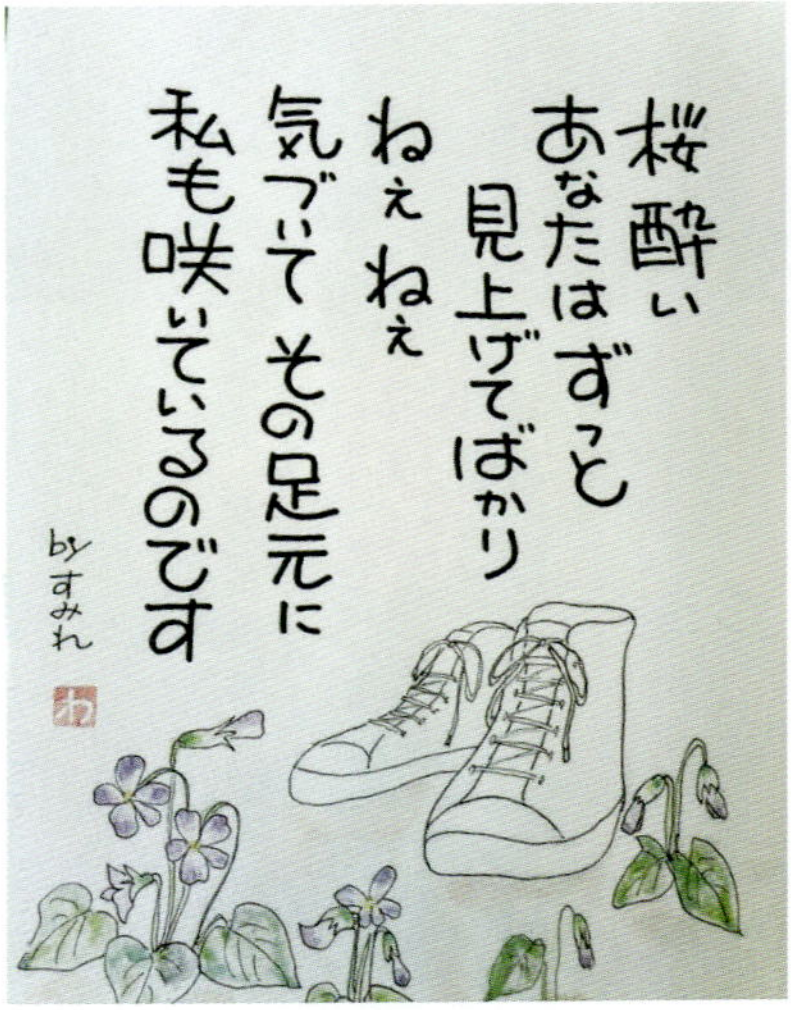

**座りこんで雑草の中に咲く花を撮影する女子**

座りこんで雑草の中に咲く花を撮影する女子。反対側の鮮やかな紫陽花ではなくこの名もなき花を愛おしく写真に収める姿に、無条件に個々の存在を認めようという立花高校の教育の根幹を垣間見た気がした。花はただそこに咲くだけで美しい。

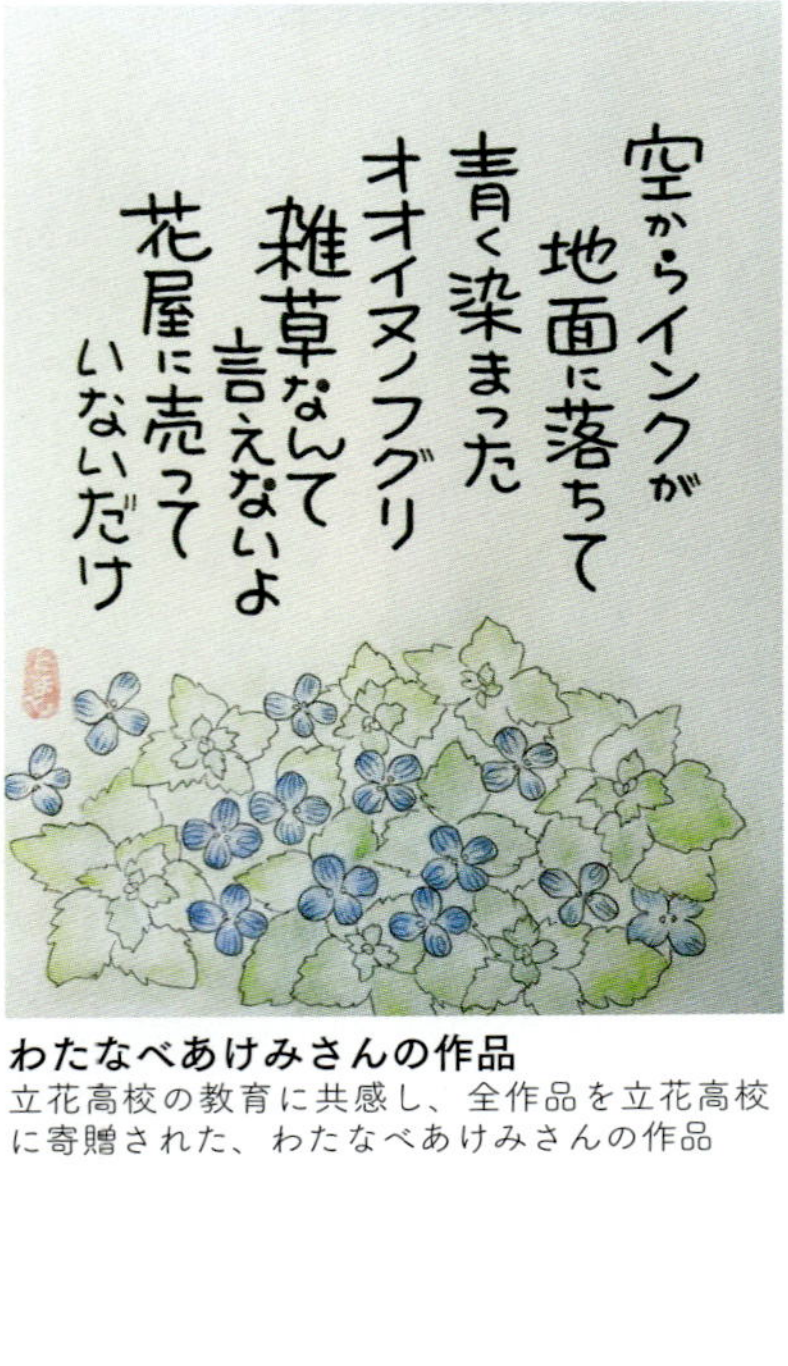


**わたなべあけみさんの作品**

立花高校の教育に共感し、全作品を立花高校に寄贈された、わたなべあけみさんの作品

**四葉のクローバー**

授業で運動場に出て行った生徒がすぐに戻ってきた。四葉のクローバーを見つけたことが嬉しくて先生方に見せたかったとのこと。心優しい生徒たちだ。

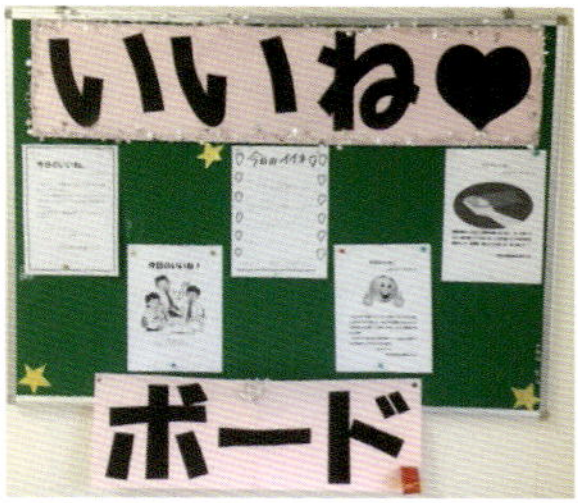
いいね♥
ボード

「いいね」ボード

先生たちが「いいね！」と感じたことを書きこむ。このコーナーに象徴されるように、校内にはほとんど禁止語句や命令語句が見られない。また、漢字には読み方がふってあるなど、生徒への配慮が至る所に感じられる。

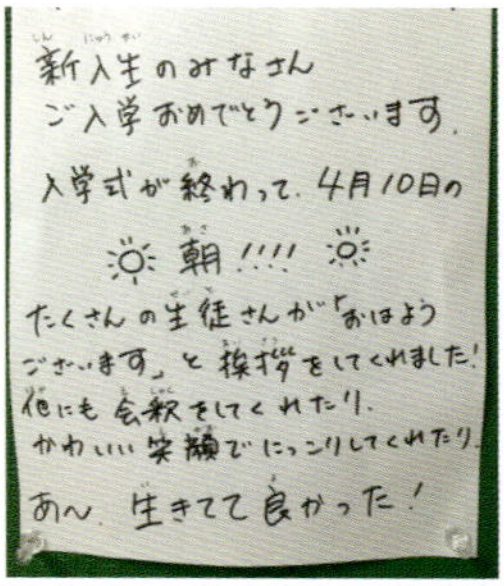
新入生《しんにゅうせい》のみなさん
ご入学おめでとうございます。
入学式が終《お》わって、4月10日の
朝《あさ》!!!!
たくさんの生徒《せいと》さんが「おはようございます」と挨拶《あいさつ》をしてくれました！
他《ほか》にも会釈《えしゃく》をしてくれたり、
かわいい笑顔《えがお》でにっこりしてくれたり。
あ〜、生《い》きてて良《よ》かった！

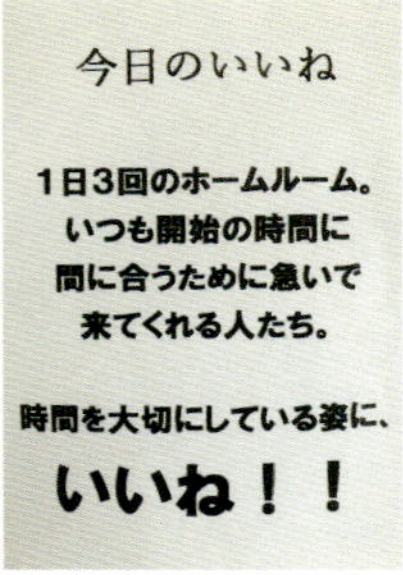
今日のいいね
1日3回のホームルーム。
いつも開始の時間に
間に合うために急いで
来てくれる人たち。
時間を大切にしている姿に、
いいね！！

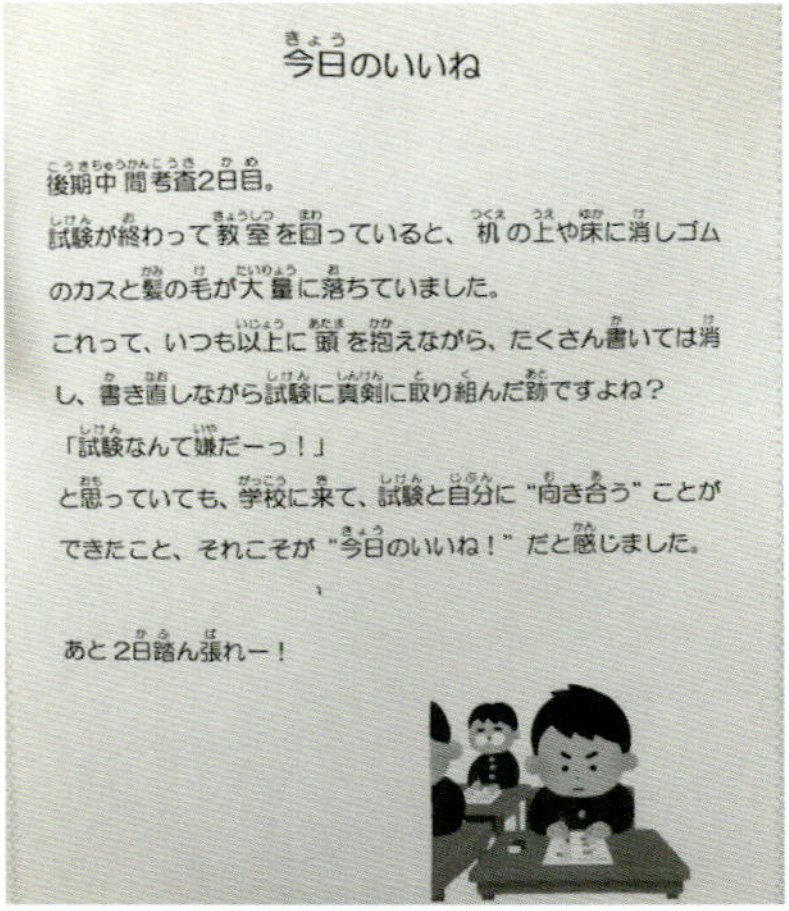
今日《きょう》のいいね
後期中間考査《こうきちゅうかんこうさ》2日目《かめ》。

試験《しけん》が終《お》わって教室《きょうしつ》を回《まわ》っていると、机《つくえ》の上《うえ》や床《ゆか》に消《け》しゴムのカスと髪《かみ》の毛《け》が大量《たいりょう》に落《お》ちていました。

これって、いつも以上《いじょう》に頭《あたま》を抱《かか》えながら、たくさん書《か》いては消《け》し、書《か》き直《なお》しながら試験《しけん》に真剣《しんけん》に取《と》り組《く》んだ跡《あと》ですよね？

「試験《しけん》なんて嫌《いや》だーっ！」

と思《おも》っていても、学校《がっこう》に来《き》て、試験《しけん》と自分《じぶん》に“向《む》き合《あ》う”ことができたこと、それこそが“今日《きょう》のいいね！”だと感《かん》じました。

あと2日踏《かふ》ん張《ば》れー！

10分間の掃除
毎日ありがとうございます
おかげ様で毎日
気持ちの良い教室で
ハッピーです。

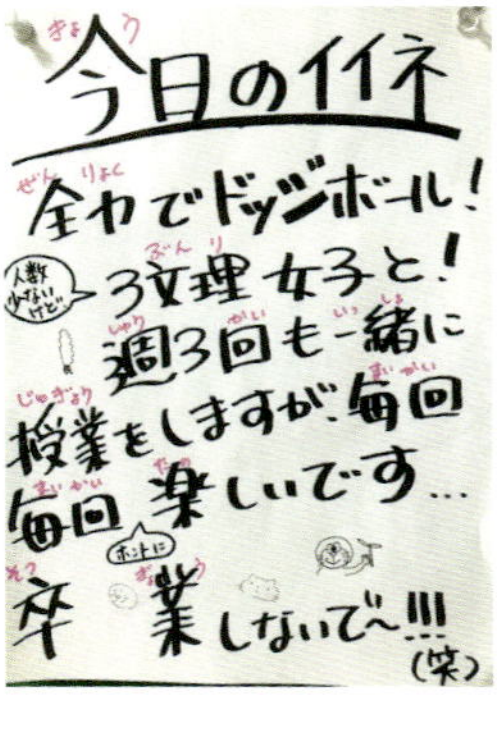
今日《きょう》のイイネ
全力《ぜんりょく》でドッジボール！
3文理《ぶんり》女子と！
人数少ないけど…
週《しゅう》3回《かい》も一緒《いっしょ》に
授業《じゅぎょう》をしますが、毎回《まいかい》
毎回《まいかい》楽《たの》しいです…
ホントに
卒《そつ》業《ぎょう》しないで〜!!!
(笑)

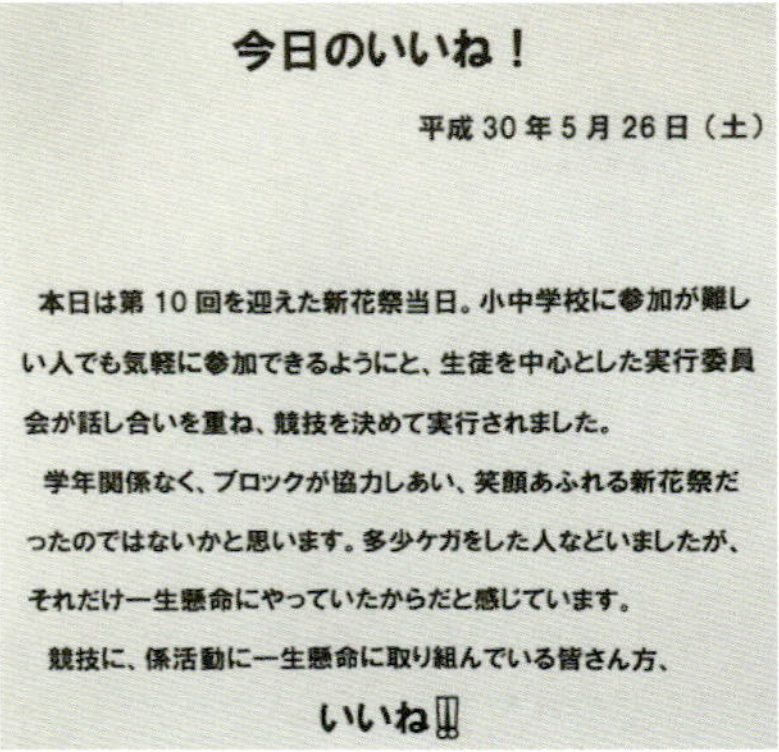
今日のいいね！
平成30年5月26日（土）
本日は第10回を迎えた新花祭当日。小中学校に参加が難しい人でも気軽に参加できるようにと、生徒を中心とした実行委員会が話し合いを重ね、競技を決めて実行されました。
学年関係なく、ブロックが協力しあい、笑顔あふれる新花祭だったのではないかと思います。多少ケガをした人などいましたが、それだけ一生懸命にやっていたからだと感じています。
競技に、係活動に一生懸命に取り組んでいる皆さん方、
いいね!!

**伝統の餅つき大会の様子**

行事削減が叫ばれる中、立花高校では様々な行事を大切に残している。いままで学校で経験できなかったことを学校で経験することは、生徒達には大きな喜びとなっている。

**手づくりの杵や臼**

餅つき大会に使う杵や臼は、毎年生徒たちが一本一本丁寧に手づくりで準備する。

**生徒が作った折り紙細工**

この突き抜けた才能がつぶされる社会であってはならない。

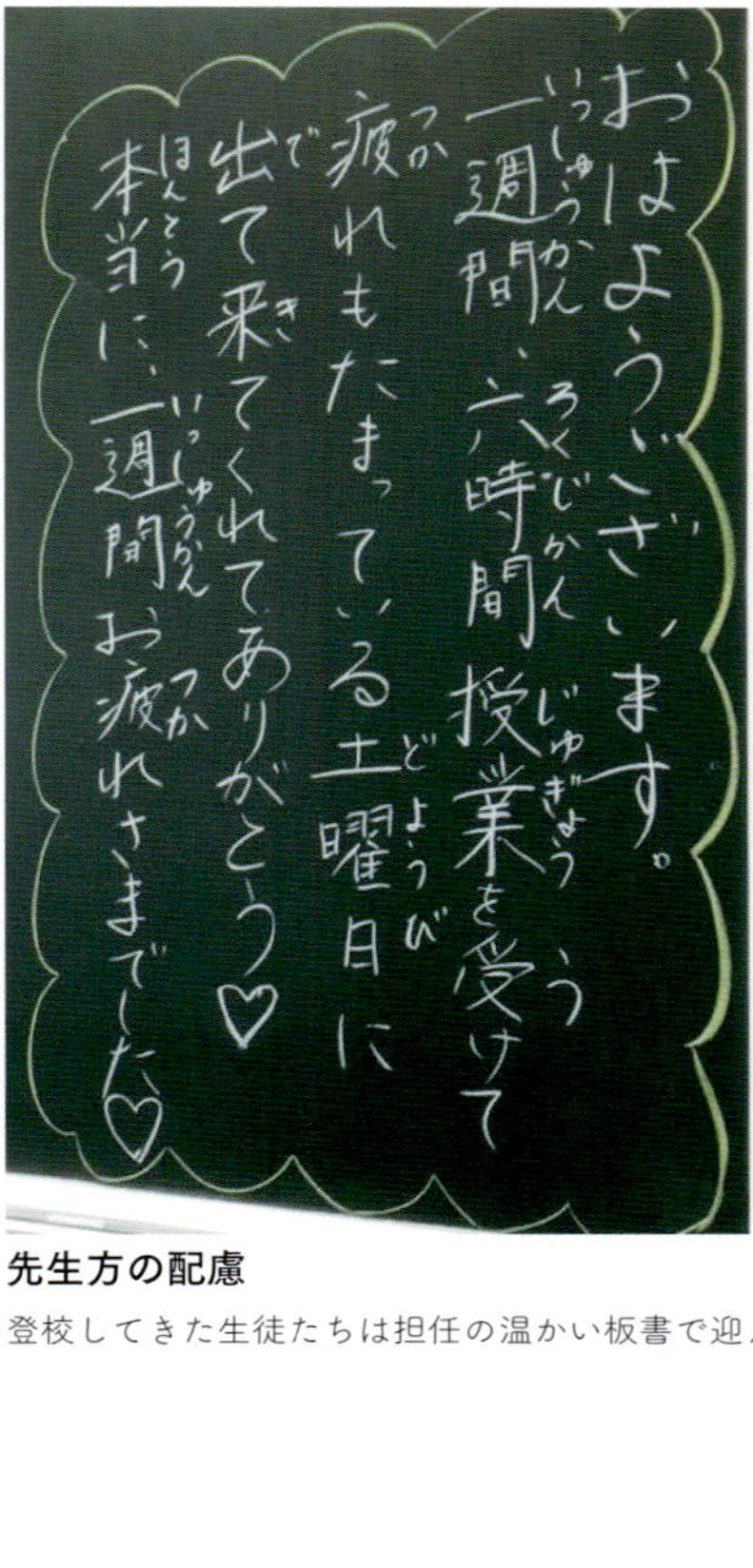


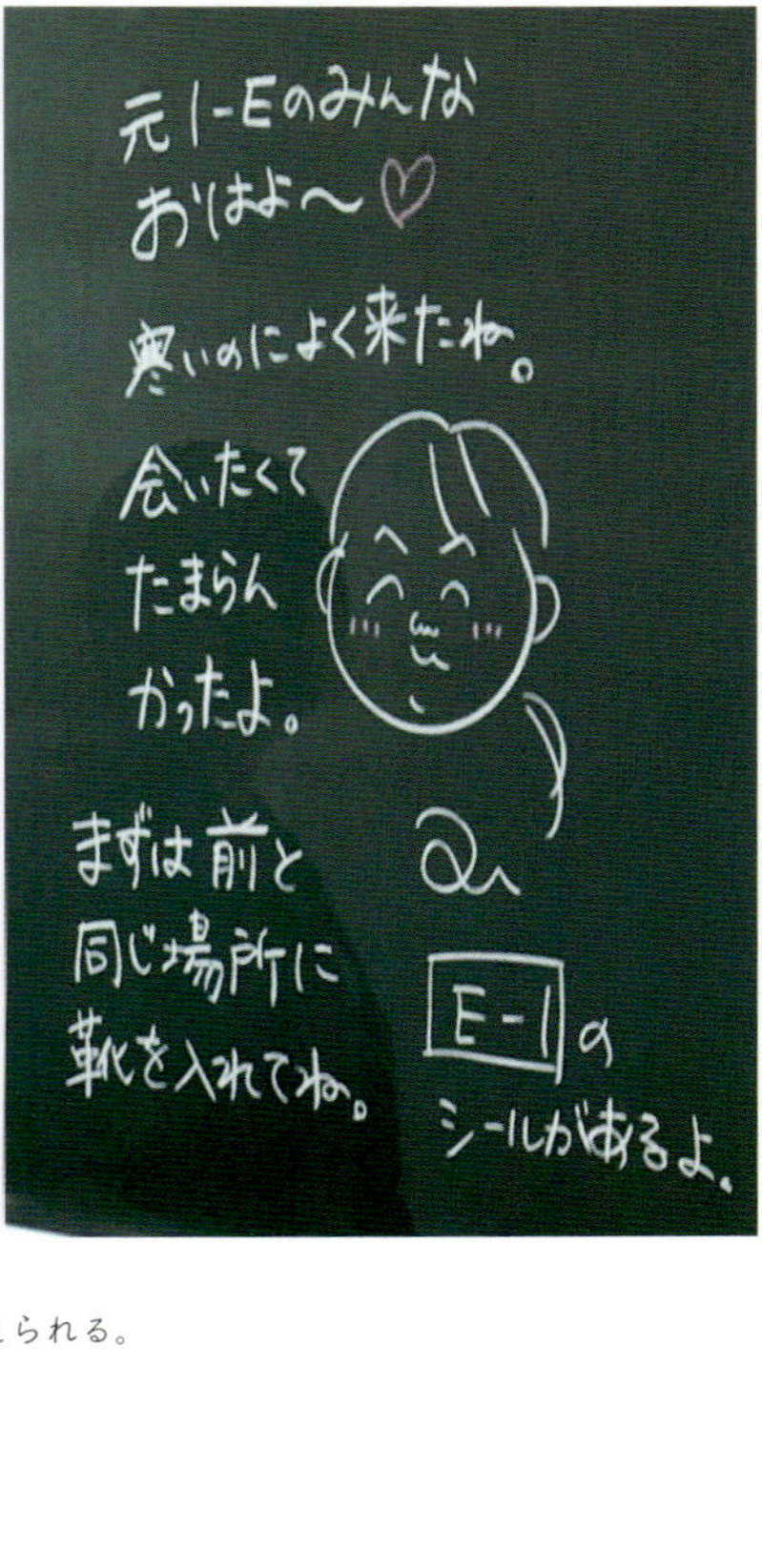


**先生方の配慮**

登校してきた生徒たちは担任の温かい板書で迎えられる。

立花高校自慢のひとつ、屋上の絶景

**職員室にて**

夕刻、立花山にかかる虹を見て大喜びの職員室の先生たち。
この雰囲気こそが立花高校らしさのひとつ。

# はじめに

「教育のありかたが問われている」。そう言われて、久しく時間が経っています。けれども、私の目に映る教育現場の現状は、さまざまな変化が大胆に押し寄せてはいますが、根本的な部分は何ら変わらない、「旧態依然」としたスタイルがまかり通っています。

それは具体的なスキルやシステムのことではなく、「意識」あるいは「理念」と言った目に見えない部分で、古く強く私たちを縛り付けているように思えてなりません。

私たちは、従来の教育スタイルを否定するつもりはありません。凛とした日本の子どもたちの姿は世界に誇れるものでありますし、声高に改革改革と叫ぶ組織に限って早く疲弊していくものです。私たちは既にある良いと思えるものの中に、〝ほんのちょっとのオプションを加える大切さ〟を訴えていきたいのです。

旧態依然とした学校のスタイル、それは「同じであること」が求められることです。なぜならば「社会で通用する」ことが学校教育の前提となっているから、と私は解釈しています。だからこそ、ほんの少数の「同じでない子ども」、あるいは「同じであることがとてもつらくしんどい子ども」には、今この瞬間も出口の見えない暗闇の中でさまよっているような、どん底の感覚があるのかもしれません。同時に、「同じであることを立派に実現している子どもたち」も、それが「当たり前」とされてしまっていては、自らの頑張りに気付くこともできません。

凄惨な事件が続きます。あたかもその背景に引きこもりや発達障がいが関係しているような論調が目立ちます。安心して引きこもりにもなれないこの時代においては、居場所はおろか逃げ場所さえ許されないのでしょうか。私たち大人も含めて、みんな一生懸命頑張っています。まずはその頑張りに気付くこと、そして他人の頑張りを認め合えれば、「できないことを嘆くより、できていることを認め合う」ような、小さな価値観のオプションが生まれてくると信じています。

この本が伝えたいことはいたって単純です。「大丈夫。それでいいんだよ」、ただその一言です。できる人もできない人も、簡単な人も難しい人も、命の大切さの前にはいかなる人も平等なのです。助けてほしい人が助けてと言える、頑張っている人が自分の小さな頑張りに気付ける、そんな寛容の精神が醸成される社会になることを心から願っています。

立花高等学校は「不登校生徒の自立支援」を目指しているのではありません。「不登校の子どもたちが安心して不登校でいられる学校」でありたいと願っています。今日も子どもたち一人ひとりのドラマが進行する丘の上の学校から、皆様に、今もどこかで流れている涙に、私たち大人が気付いた小さなきっかけを、胸を張って大切に届けたいのです。

学校法人 立花学園
立花高等学校　校長　齋藤眞人

## 第1章　立花高校の〝現在〟

## 第2章 「居場所」のつくり方

## 第3章　立花高校にみる多様性

## 第4章　卒業式に希望をのせて

# 第1章

# 立花高校の〝現在《いま》〟

## 立花高校の〝現在《いま》〟

### 名前を書きさえすれば受かる学校？

福岡市東区和白丘。閑静な住宅街の間に続く細道を抜け、コの字を描く坂道をのぼると、視線の先には青空の中に浮かぶ真新しい校舎の姿。玄界灘を望む丘の上、どこかのんびりと訪れる人を迎え入れるように、私立「立花高等学校」は佇んでいます。

「あの学校は、入学試験で答案用紙に名前を書きさえすれば受かる」

福岡県内に住む人なら、そんな噂を一度は耳にしたことがあるかもしれません。

１９５７（昭和32）年、立花高校の前身「明林高等学校」の創立以降、一時はいわゆる〝悪ソウ〟と呼ばれるヤンキーたちが通う高校として荒れた時代もあったことから、立花高校は県下でも一、二を争う評判の悪い学校として捉えられてきました。

今から遡ること40数年前、「立花高等学校」と改称した当時には、全校生徒数がたった３名になったことも。学校は存続の危機に追い込まれました。

ところが、当時の先生方の教育に対する熱意とふんばりに驚くばかりですが、絶体絶命と思われた時代から紆余曲折を経て、現在の生徒数は定員数を超える５００名以上に増加。変化のきっかけは、不登校生や発達障がいのある子どもたちの受け入れでした。経営難の危機から脱し、２０１６（平成28）年には新校舎への建て替えも叶ったのです。

「立花高校、いい高校やね。変わったね」

ここ数年で地域の方々や教育界から、そんなふうに言われるようになり、世間の評価も変わってきたように思います。

「よみがえった」と、ある先生はしみじみ言います。

では、落ちこぼれ学校と言われていた立花高校にいったい何が起こったのでしょう。

「多様性を認める社会」が叫ばれる現代。世間から見れば〝どん底だった時代〟から、60年という歳月を経て、今では時代が追いついたかのように、立花高校の闊達な教育スタイルに目が向けられるようになってきました。

裏を返せば、今の学校教育に失われてしまったものが立花高校には存在しているということなのかもしれません。

◇　◇

「うちの高校は、答案用紙に名前を書けば受かると言われる。失礼なことを言うなと言いたい」

とある講演会の壇上で、第7代校長を務める齋藤眞人先生は、語気を強めて言いました。聴衆の視線が集まった次の瞬間、ふっと肩の力を抜いて声のトーンを和らげます。

「ですが、その通りなんです。うちの高校は、名前を書けば受かります」

きっぱりと告げる様に、会場は一瞬呆気にとられた後、笑いとともに明るいムードに一変しました。悲喜こもごも、生徒や保護者との体験エピソードを交えながら、学校の姿勢を切々と伝えていく校長。講演会では、緩急をつけて生き生きと話す齋藤節にいつしか引き込まれ、心を熱くして耳を傾けるたくさんの方々の姿がありました。

学校経営を立て直し、教育の変革を担った開拓者の一人として、今や地域の行事やイベント、企業や教育関係者に向けた講演など、名物校長のところへは年間100本以上の講演依頼がきます。齋藤校長は、歴代の先生・生徒たちが築いてきた立花高校を代表する気持ち、「子どもたちの現状、教育改革の必要性を伝えたい」という一心で、使命感に燃え、奔走しています。

生徒たちから「校長ちゃん」と呼ばれ、慕われる存在の齋藤校長が「愛おしくてしかたない」と話す子どもたち。他とはちょっと違うカラーや個性を持った生徒たちは、どんな子たちなのでしょう。

## 「不登校」とはなにか？

今では10人に1人が不登校の中学校がある時代。文部科学省での取り組みが本格的に始まる以前から、立花高校は高校中退者や不登校生、発達障がいのある子へのサポートに目を向け、積極的に受け入れてきました。中でも、年々増えているのは、不登校生です。

不登校の定義とは、そもそも何でしょうか。文部科学省によると「不登校児童生徒とは、何らかの心理的、情緒的、身体的あるいは社会的要因・背景により、登校しない、あるいはしたくともできない状況にあるために、年間30日以上欠席したうち、病気や経済的な理由による者を除いたもの」と定義しています。

２０１７年度の文部科学省の統計によると、小・中学校における不登校児童生徒数は14万４０３１人。少子化が進む中、不登校の割合は増えているのが現状です。

齋藤校長は不登校の定義に対して異議を唱えます。

「私はこれにぴんときません。じゃあ、29日学校を休んでいる生徒は不登校じゃないんですか。この子がもしも明日欠席したら、明日不登校生徒になる。じゃあ、今日の子どもと明日の子ども、何が違うんでしょう？」

さらに、自身が体験したエピソードがこの境界線に対する違和感を一層深めます。

「14年前に実家に帰った時に象徴的な出来事がありました。母が用意してくれたお刺身醤油が偉く美味しかったんですよ。芳醇でこくがあってとろみもついて。で、しばらくその醤油瓶を手に取って見ていて絶叫です。『お母さん！　これ、１年以上賞味期限過ぎちょる！』って」

我が家ではあの日から、賞味期限を見て仕分けするようになったんです。で、もうダメになったやつを捨てようとするのですが、『待て、このソースはギリギリセーフだ。１カ月しか過ぎちょらん』って。

…意味が分かりません。１カ月過ぎちょるからアウトのはずです。でも、それがセーフになる。しかし、３カ月過ぎたらさすがにアウトとか、結局は自分たちで決めたルールで賞味期限が動くんです。物事の本質を見事についたエピソードだと思いませんか？」

使う人次第で、恣意的に移動する賞味期限の幅。セーフかアウトか、マルかバツかを決めているのは実は「私たちの解釈」であるということが、このエピソードから実に明快に伝わってきます。

講演会でもしばし笑いが起こる齋藤家のエピソードですが、この後、会場にいる一人ひとりの顔を見渡すようにして、こう訴えかけました。

「思い切った言い方をしますが、200日休んでいても生きる力を逞しく育んでいる子はたくさんいるんです。逆に1日も学校を休まない子で、心がすっかり折れてしまっている子がいる。文部科学省が不登校という決め方をしなければ、うちの子どもたちは欠席が多いだけの、それは素敵な素敵な子どもたちなんです。それをひとくくりで不登校という。このことにとても腹が立ちます。何日学校を休んだか？　よりもっと気付くべき事はある」

たった1日の欠席日数の違いで、「不登校」という境界線が引かれてしまう今の社会。こうした大人の考え方が、子どもの価値や教育を否定しているのではないかと、齋藤校長は警鐘を鳴らします。

## 不登校対策への取り組み

１９７０年代後半から、全国の高校中退者を受け入れ、立て直しを図ってきた立花高校でしたが、転換期として大きく変化した主軸となったのは、90年代初め、不登校生の受け入れを始めてから。１９９６（平成８）年に、不登校生徒指導委員会（以下、不登校委員会）が発足。本格的な支援対策が始まりました。

今のように、フリースクールやサポート校がほとんどない時代。その年の立花高校の在校生１５４名のうちの81名、つまり、生徒の約半数が不登校の経験者でした。

不登校生徒の自立支援に早くから目を向け、旗振り役だった故・西村仁一先生を座長として、現場のまとめ役であった稲毛孝一先生ら若い先生が中心となって、「不登校生徒指導委員会」が設置され、積極的な不登校対策が始まっていきました。

スタートは「学校外教室」というもの。公民館などの施設を利用して、登校できない生徒のために、家庭と学校の中間に「居場所」をつくり、特別教室を開きました。学習したり、遊んだり、まずは人間関係をつくって、徐々に学校への橋渡しにしようという目的です。出欠状況や学習の進み具合を報告し、次の対策を考えていくという個別指導のスタイルです。

同じ頃、東区和白地区を中心とした母親グループによる「登校拒否・不登校を考える親の会」が発足し、不登校生の親が参加できる地域の勉強会「親の会」が立ち上がりましたが、「学校外教室」ができたことで、拠点は「学校外教室」へ。親子が揃って学べる場として引き継がれていきました。

手探りから始まった活動は、理事会も保護者会も全面支援を約束し、順調に進んでいきましたが、「変化には痛みを伴うもの」と当時を振り返る稲毛先生の言う通り、教職員の一部には不登校委員会ばかりが評価され、快く思わない先生が出てきたり、一筋縄ではいかないこともあったそうです。また、過去には、合格した生徒が「不登校の学校とは知らなかった」と辞退したこともありました。

それでも、メンバー6人の先生たちの情熱によって、行き場のない子どもたちのサポー

**学校外教室の様子**

17:30 より教師２名がチームを組んで地域の公民館等に出向いて授業を行う。「学校には来れない」のではなく、「公民館には来れる」生徒たちには小さいながらも大きな一歩。

ト活動は多様な取り組みを導入することで広がっていき、少しずつ理解を深めながら進行していきました。やがて、退学や転出を減らすために、２００３年（平成15年度）から、立花高校の教育スタイルは全日制の単位制高校へと舵を切っていきます。

生徒主体、子どもたちの側に立った教育改革を目指す中で、試行錯誤を繰り返し、小さな成功体験を積み重ねていくことで、不登校対策は立花高校の個性、看板になっていったのです。

## 4％の子どもたち

不登校の定義に対する立花高校の見解と、本校が歩んできた取り組みの道筋をお伝えしたところで、「大人の解釈ひとつで子どもたちの状況や見方が変わる」ということについて、より深く考えてみましょう。

今は96％の子たちが高校生になる時代。それを当たり前と受け止める社会があります。では、残りの4％の子どもたちについて、想像してみてほしいと思います。

不登校だった子がスタートラインに立つのは、まず高校の入学試験です。「名前さえ書けば受かる」と思われている入学試験の日。毎年、この日は立花の先生たちにとってもハラハラし通しの日。みんな校門の前に立って、子どもたちが来てくれるかどうか、ずっと見守って待っています。

「2年も3年も自宅に引きこもってる子がですよ、はい今日は入試よ、行ってらっしゃいって言われて、行けるわけがないでしょう。大人はそれを当たり前の一言で済ませます。だけど、４％の子どもたちにとって、それはとてつもない高いハードルで、当たり前じゃないとです」

自ら現場に立つ齋藤校長は、ありありと思い浮かぶ入試の日の様子を思い出しながら、つぶさに語り始めます。

「入試の日の朝には親御さんから、ばんばん電話が入ります。『制服を着せたら、久しぶりで入りません。私服でいいでしょうか』、『学校へ行くには行ったけど、恐怖のあまり逃げ出すかもしれん。見とってほしい』、『面接は無理だと思いますから、筆談でなんとか面接してくれんやろか』。もちろん全部オッケーです。

そんな中、試験開始の時間が迫ってくると電話の内容が変わってきます。『子どもが受験票握りしめたまま、布団かぶって出てきません』、『玄関先で座り込んでしまって、一歩も動きません』。

最初の頃、私たちは家まで迎えに行ってました。でも、違和感がずっとあったんです。

というのも、嫌がる子どもたちのところに知らない大人が2人とか3人訪ねて行って、連れて行くんです。セリフは毎年一緒。『大丈夫。おいで』って。これ、誘拐の常套手段じゃないですか。だから、最近はそういう電話がかかってくるとこう言います。

『お母さん、無理させんでよか。中学校卒業したら高校生にならんといかん法律はこの国にはありません。ありもせんような決まりに親子で苦しむ必要はない』って」

## 「よし」と思った日がスタート

「『お子さんが、よしと思った日がスタートでよか。今日やったらよかったですけど、今日じゃなかったですねぇ』と言うと、お母さん方はみんな泣きます。『よかよか、大丈夫。うちの学校、待ってますよ。3日でも3年でも。しかも、高校進学がすべてだと思いません。どこかでその子がニコッとできる場所があれば幸せでしょう』とお伝えして、電話のこっち側とあっち側で、どっちがもらい泣きかわからんくらい泣けてくるんです」

これが毎年のように繰り広げられる立花高校の入試の日の光景です。その一方で、学校にやっとのことでたどり着けた子どもたちの中にも壮絶なドラマが起こります。

「ある子は受験票を握りしめて、坂道を登る途中に気分が悪くてもどしたりします。14、15歳の子どもにとって、もどすほどの出来事なんです。それを初めて出会ったばっかりの、顔も名前も知らない他校の子たちが集まってきて、その子の背中をさすってあげるんです。あの光景をみたら、とてもじゃないですけれど不合格はよう出さんですよ」

と齋藤校長は熱く語りかけます。

「情に流される学校が日本に一校くらいあってもいいと思うんです。そんな思いまでして受験に来た子どもたちを、なんでマルとバツで仕分けせんといかんのですか」

社会が寛容さ、多様性を求める時代ならば、そこに、残りの４％の子どもたちがいることに気付けるかどうかだと、齋藤校長は問いかけます。さらには、かつては子どもだった自分自身についても振り返ってみてほしいと。

「4%の子どもたちはもちろんのこと、忘れてはならないのは、96%の子どもたちも、大人になったみなさん方も同じく頑張ったということ。入試に臨んで、一生懸命問題を解いて、合格という結果を勝ち取ったのはみなさん方、その当時の子どもたちの努力なんですよね。それを当たり前で済ませてはいけないし、大変愚かなことだと思うんです。当たり前と言うなら、足がすくんで動けなくなる、それがうちの子どもたちにとっての当たり前なんです。

かたや『あそこの学校は名前さえ書けば受かる』とバカにします。でも、かたや『この子たちは頑張って登校して名前を書きよる』と涙する者がいます。つまり、『こいつはつまらん』と思うか『よう頑張っとる』と思うか、私たちの解釈ひとつで、この子はどちらにも転んでいくんだということを私たちはもっと自覚しなくてはいけないと思うんですよ」

## 不登校の子どもたちがつらいこと

立花の先生たちにとって、生徒たちと向き合うことと同様、お母さんやお父さんといった保護者との関係性づくりも教育を行っていく上で重要な課題の一つ。

保護者と心を通わせることで、一人ひとりの子どもについて理解を促し、家庭で親子が向き合えるようになること、そして、生徒、保護者、教員の間での相互理解を深め、子どもたちが安心して学校生活を送れるような仕組みづくりを目指してきました。

現在、立花高校にいる５００名を超える生徒のうち４００名が中学校までに不登校を経験しています。約８割の子どもたちです。

彼らが小中学校で不登校になったきっかけ、原因は個々さまざまです。

環境の変化についていけない。

周りの生徒たちや先生となじめない。

自分のポジションが見つからなかった。

いじめや無視。

親子関係をめぐる問題。など

ほんの些細なことがきっかけになって、孤立し、一度離れてしまうと勉強も追いつけなくなり、なかなか元に戻れないのが現状です。

ある日、突然学校に行かなくなったわが子。「自分の子がそうなって初めて、不登校がどんなものか知りました」と、あるお母さんは言います。


齋藤校長は、ある男の子の話を始めました。

「毎日、いってきまーすと言って、元気に学校に行っとるとばかり思ってた男の子。この子はお母さんに心配かけまいと思って、近くの公園に1日中隠れとったんです。ある朝、元気に学校に向かったと思っていた子どもが玄関先でもどしよった。びっくりしたお母さんに、その子はいちかばちか言ったそうです。

『お母さん、ごめん。オレ、もう学校行ききらん』。怒られると思ったら、お母さんはその子をきつく抱き寄せました。

『ごめんねぇ。お母さん気付かんやったー』と言って。その瞬間、『ああ、終わった。もうお母さんに嘘つかんでよかっちゃん』と思ったそうです。学校に行っていないことより、お母さんを騙しよるほうが百倍辛かったたんですね」

とりわけ誰よりも身近な存在であるお母さんに打ち明けられないことが、どれほど苦しいことか。「自分の言うこと、気持ちを理解して、ありのまま受け止めてくれる誰か」がそばにいてくれることで救われる子どもがいるのなら、まず「認めること」からはじめてみることで光が見えてくるのではないでしょうか。

高校は不登校生にとって、新たなスタートを目指せるチャンス。入試の日には、そんな子どもに向き合い、応援する付き添いのお母さんたちの姿も見られます。

「去年のこと。学校で突然バタンとお母さんが倒れなさったたんです。びっくりして、どうしました⁉　と声をかけると、号泣してるんです。『2年半ぶりにこの子と一緒に外出ができました。この子の制服姿を見ることができました。今日はもうこれで十分です』って、お母さんが泣き崩れるんです。そして当の娘さんは、お母さんの背中をよしよしとさすっとるんですよ。また、もらい泣きです。

やがて、試験開始が告げられます。子どもたちが試験用紙に名前を書きます。たまらんです。すぐ保護者控え室に走って行って『今、試験始まりましたよ。お子さん方、一生懸命名前書いてらっしゃいますよ』と伝えると、お母さん方、涙腺崩壊です。初めて会った同士のお母さん方が、お互いに肩を叩き合って『苦労したんですね。うちもこんなことがあったんですよ』って、即席の懇親会です」

子どもがよしと踏み出せたなら、親子の関係性を深めたり、築き直す上で、また社会との接点をつなぎ直す上でも、高校生活は大切なスタートラインなのです。

## できないことを嘆くより、できていることを認め合う

「大丈夫。いいんだよ」

今では立花高校で当たり前のように交わされ、生徒の心をほどくような魔法の言葉。「今のあなたのままでいいんだよ」と認めることがはじまりだと、先生たち自身が気付くに至った大きなきっかけ。それは今から14年前のマラソン大会の朝でした。

「今日はガンバレを禁句にしましょう」

ある先生が提案しました。職員の中で決めたのはいいけれど、これが大失敗。いざ声援を送ろうとするも、かける言葉がひとつも出てこずに困り果てた先生たちは、かけ声とも言葉とも見分けがつかない声を出すだけ。


そんな時、体育の先生が呟いた言葉に、みんながハッとします。

「教師になって20年間ずっと、ガンバレガンバレ言うとったけど、みんなとっくに頑張っとったったい。この先のことやなくて、ここまで頑張ってきたことをなんで言うてやらん

かったのでしょうか」と涙しました。

その翌日から、立花高校ではガンバレを言わなくなりました。ガンバレでなく「みんな、頑張っとうねぇ」のほうが断然いい。ここから、立花高校がモットーとして掲げる言葉は生まれました。


ただ、誤解のないように付け加えると、「ガンバレ」という言葉を一切使わないほうが良いということではありません。

「大人はこの言葉を、二言目に安易に使い過ぎていると思うのです。我々は、頑張ってほしい相手に頑張ってほしいという気持ちを、もっと丁寧に伝えるべきではないでしょうか」。立花高校の先生たちはそう語ります。


「できないことを嘆くより、できていることを認め合う」

本来、学校とは、教師と生徒、保護者が繋がって、ここから踏み出していく子どもたちを見守りながら、やりたいこと、できることを見つけて一人ひとりの個性を伸ばし、喜びや希望を見いだしていく場所。そうして、社会へ出てから先の、生きる力を身につけていくセーフティネットとしての役割を担っているはずです。

認め合うこと、他者へ優しさや思いやりを持って接すること。自分自身もまたそうされる権利を持っていること。

その子の自己肯定感を高め、人間的な関係性や居場所をつくることこそが、本来は社会につながる学びの中で何より大切であり、最優先に育むべきことではないかと、ある先生は言います。

## 立花高校の窮地

### 生徒数3名。給与は毛糸玉2つ

今では生徒数が定員数の450名を超えて524名に達し、学校運営も安定している立花高校ですが、その前身の時代は、経営の悪化からの譲渡、さらには学園騒動によって、社会的な評価も下がり、生徒数が激減。窮地に追い込まれたこともありました。

学校の存続自体が危ぶまれる中、当時の先生たちはどう行動したのか。立花高校の魅力の原点とも言えるような先生方の果敢な逸話が残っています。

講演会での齋藤校長の話です。

「生徒がついに3名になってしまった時代がありました。私学の収入というのは生徒数がすべて。それがないと、その先の教育には行き着かない。では、先生方はどうやって乗り切っていったのか。

みなさん、勤務が終わって夕方からバイトしていたそうです。副業禁止という就業規則はあるものの、もうどちらが副業かわからないような状況ですよね。

ある時、全職員が校長室に集められました。『大変申し訳ない。どこを探しても現金がないんです。今月はこれでがまんしてほしい』と配られたのは、家庭科の授業で余った毛糸玉２つずつでした。


普通に考えたらとてもじゃない、乗り切れませんよね。ところが、当時の先生方は深々とお辞儀をして、この毛糸玉をいただいたといいます。

当時の校長は男泣きです。先生方は『教育者たるもの、目の前に５０００人の生徒がおろうが３人やろうが同じじゃないですか。ここで私たちがあきらめたら、この先はどうなるとですか。最後のひとりになっても絶対あきらめちゃいかん』と。それを聞いて、校長先生はさらに泣き崩れたそうです」

自身も高校中退者であり、面倒見のいい先生たちを慕い、卒業後、母校の教師になった金田拓郎先生。金田先生の話からも、当時の先生たちの熱量が伝わってきます。

「1977（昭和52）年、高卒で初任給が1万2300円だった頃、私の初任給は5000円でした。極端に言えば、先生方はみんなよく生活してあったなぁと思います。給料は出なくとも教師をやろうという気になれたのは、生徒の頃から先生方との人間的な深いつながりがあったからです。身を削ってでもという、それだけの情熱と子どもたちに対する思いがあったんですねぇ。お金だけを思えば、もっといい給料をもらえるところに就職もできたと思うんですが、価値観からいえば、私も敢えてやんちゃな子どもたちと接することを選んで、先生といわれる以前の人間としての情熱を傾けたかったんだと思います」

「ひとりの生徒もあきらめない」

後述する創設者・安部清美先生の精神が脈々と流れていた証ともいえるこれらのエピソード。60年の間、紆余曲折あっても、その精神の下で、教育の灯を絶やさず歩んできた先生たちと生徒一人ひとりのドラマが、今の立花高校をかたちづくってきたのです。

## 立花高校は、昔も今もいい学校です

「毛糸玉２つの話、すごい美談だと思いませんか？」と、齋藤校長は感動のエピソードを話し終えた途端、こう話を続けました。

「このエピソード、後日談がありまして、この日の夜は、先生方みんなで飲みに行って、荒れに荒れたそうです（笑）」

会場がどっと沸きます。

「いい話だと思うんですね。教育者として、校長先生の前では一回カッコつけとくんですね。けれど、人間を相手にするのは人間なんですよね。達観した存在では、人様の子どもを重んじることは却ってできないのかなと思います」

先生も人の子。給料も待遇も悪かった時期があったけれど、昔の先生方は口を揃えて、「家族的な職場で、学校に来るのが楽しかった」と言います。教育に心血を注ぐ、人間味あふれる先生たちの仲間意識と全力サポートがあって、学校は存続して今に至るのです。
そんな困難を乗り越えてきた立花高校の歴史を振り返ったところで、この言葉をもう一度思い出してみましょう。

「立花高校、いい高校やね。最近、良くなったね。変わったね」

「そう言われるんですけれど、3名の子どもを毛糸玉2つで守り抜いた時代を、なんで悪く言われないといけないのか。当時こそ、わが校が一番光り輝いた時代なんやなかろうかと、誇らしくみなさんにこのお話をさせていただいているのです」と、齋藤校長の声に熱がこもります。
「うちの学校は開校以来、ずっといい学校ですよ。変わったのは、みなさんの評価なんです」

# 立花高校創立の経緯と理念

## 安部清美先生の教育理念とは

60周年を迎えた立花高校ですが、その歴史は、Ⅰ期からⅢ期までに大別できます。

１９５７（昭和32）年　「明林高等学校」として開校（６年間）
１９６３（昭和38）年　「電子工業大学付属 第二高等学校」に改称（３年間）
１９６６（昭和41）年　「立花女子高等学校」に改称（７年間）
１９７３（昭和48）年　「立花高等学校」に改称、現在に至る。

創設者は安部清美先生［１９００（明治33）年〜１９８１（昭和56）年］。大正から昭和にかけて、福岡県福津市の神興《じんごう》小学校で教鞭をとり、当時「神興教育」の名で全国的に注目され、文部大臣表彰を受賞。また、同和教育の前例となる「融和教育」などにも取り組み、教育に従事してきました。

立花高校の前身・私立明林高等学校のはじまりは、終戦の年、1945（昭和20）年に遡ります。占領軍の支配によって戦後の日本の教育がどうなるか不安を抱える中、安部清美先生は、血気ある教員たちと集い、福岡市内に新しく私立学園をつくろうと決意しました。それぞれが現職を辞め、創設を進める予定でしたが、中心だった安部清美は時のGHQの戦犯審議や教育界審議の対象者として扱われ、いったんは頓挫します。

最終審議の採決で、後に国連大学学長になる若き学究審議官ヘスタ氏の弁舌によって、民主的教育者としての活動が査定・評価され、追放を逃れた後、12年後に長年の夢は結実したのです。

元福岡県教育長であり、後に参議院議員を務めた安部先生は「東洋のペスタロッチ」と言われ、多くの教職者から慕われる存在でした。

ペスタロッチとは、孤児の教育・民衆教育の改善に尽くしたスイスの教育者。安部先生が従事した「愛の教育」が、民に無償の愛を捧げるペスタロッチの姿と重なって見えたことから、そう呼ばれるようになったそうです。

その安部清美先生が残した言葉があります。

「一人の子を粗末にする時、教育はその光を失う」

わが校の玄関を入ると、安部先生の肖像レリーフに迎えられるのですが、創設から変わらず、今もこの言葉が生徒たち一人ひとりを優しく守ってくれているように思えます。

校名が４度にわたって変わり、校長をはじめ教職員の入れ替わりや学校の形態も変動していきましたが、いつの時代も指針となるこの「愛情の源流」が本校の教育の根底には流れているのです。

**全校で唯一生徒が立ち入りできない教職員専用のコミュニティルーム**

IKEYAのソファとドリンクコーナーが設置され、勤務中でもホッと一息つけるようになっている。

**和気あいあいとした、教職員の花見の様子**

校内の雰囲気の礎となるのは教職員の緩やかな関係性。永く職員のこの雰囲気は変わっていない。

# 第2章　「居場所」のつくり方

## 「居場所」のつくり方

1章では、立花高校の輪郭、その足跡について触れてきました。本校がいわゆる〝異色〟の学校だということをお解りいただけたかと思います。

今、社会では、細かなルールで生徒を縛るブラック校則と呼ばれる学校の体制が問題に上ったり、いじめが原因の一端となって、子どもたちが自らのいのちを断つという痛ましい事件も起きるようになりました。それらが起こるたびに私たちは胸が痛みます。成績重視の学校が大多数を占める世界で、息苦しさを感じる子どもたちがメディアでも取り沙汰される昨今。

立花高校は独自の道を歩んできました。

不登校対策の具体的な取り組みについてご紹介する前に、決して順風満帆ではなかった、今の立花高校をかたちづくってきた取り組みや変遷を、さまざまな先生たちの視点から知っていただければと思います。

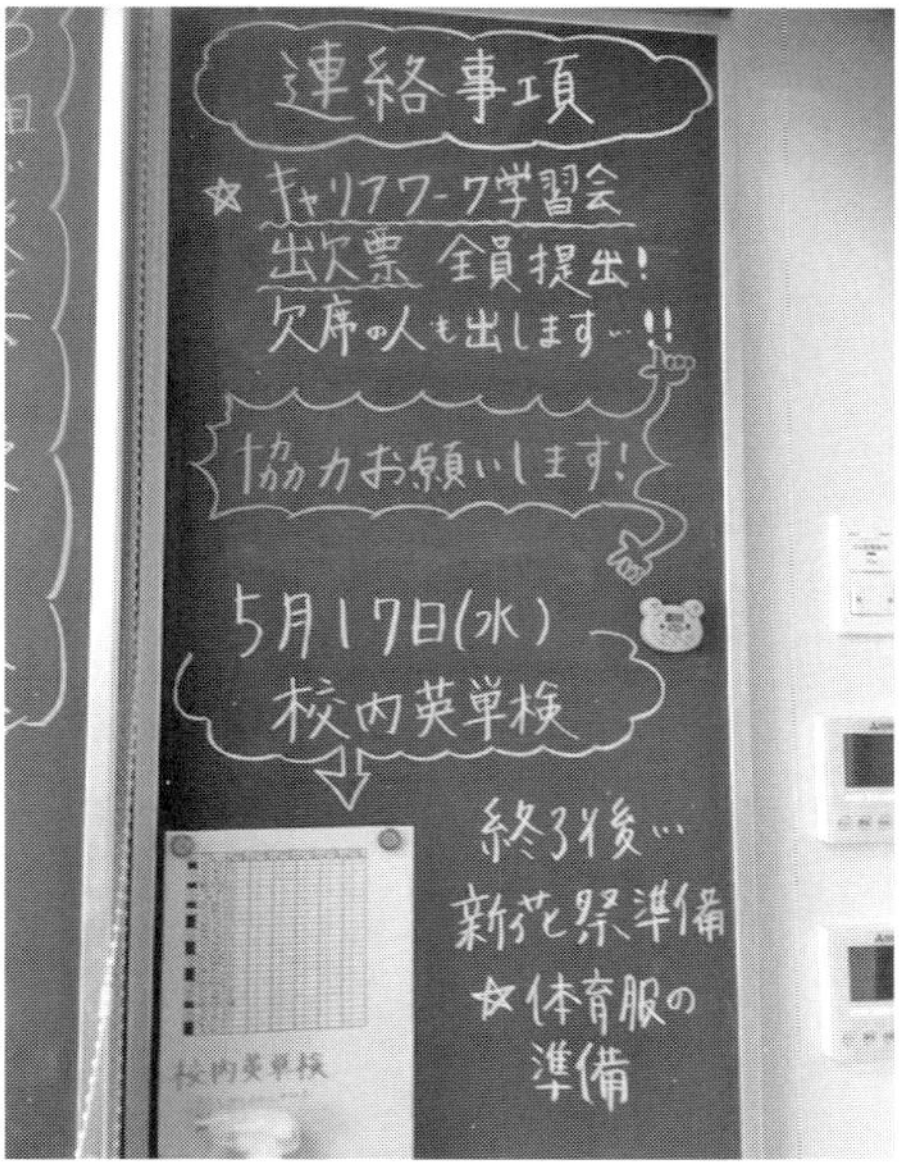


**先生方の配慮**

（上）教室には針時計とデジタル時計が併設してある。針時計が読めない子どもに、時間のわかる手段を準備する配慮。

（下）黒板横の連絡ボードは授業中はシャッターカーテンで隠れる仕組みに。両サイドの連絡ボードに気が散って授業担任の板書に集中できない子どもたちへの配慮。

## 前期　1973（昭和48）年〜

### 「一人の生徒も見捨てない」

学校譲渡や経営難、生徒激減の時代を経て、名称が「立花高等学校」となり、全国から中途退学者を受け入れるようになった当時。テレビや映画では「3年B組金八先生」や「スクールウォーズ」、「ビー・バップ・ハイスクール」といった学園ドラマが放送され、不良や不登校、いじめ、暴力など、やんちゃな生徒たちと格闘する熱血先生の姿がクローズアップされ、社会問題として一世を風靡した時代がありました。

その頃の学校写真には、男子はパーマに剃り込み、グラサン、女子はくるぶしまである長いスカートにお化粧姿というように、先生たちが「悪《わる》ソウ」と愛情を込めて呼んでいた生徒も入り混じり、校庭や遠足、修学旅行などで記念撮影した数枚の写真が残っています。

先生たちが、境遇も学力も心理状態もばらばらな反抗期の子どもたちに対して、どのように向き合い、接してきたか。個々の先生の言葉、たくさんのエピソードから振り返ってみたいと思います。

## 「何のために学校に来よるか」（旧教員・林田久司先生）

定時制で教鞭を執っていた林田久司先生が、立花高校を初めて訪問したのは１９７６（昭和51）年10月頃のこと。自己の欲求や特権意識から来る弱いものいじめ…。当時、林田先生は人格形成において必要な豊かな人間性や道徳教育が欠如する学校教育のあり方に疑問を感じていました。

日々の報道により、学校内で発生した事件や少年犯罪も問題になり始めていた頃。未熟さや自由平等と利己主義を履き違えた迷惑事件が各所で起こり、社会は徐々に混乱の様相を示していきました。

教育現場でどのように取り組むか、悩んでいた時、学校独自の理念と具体的な取り組みをしていた立花高校を紹介された林田先生は、学校を訪ね、教師たちの言葉に耳を傾けます。

「立花高校の教育は、型にはめない自由な教育で、勉強するのも本人の自由、教師はそれを基本とし、勉強しない者を勉強しようと思う自由に導こうとする事が真の教育です」

では、校則はどうなっているか尋ねると、「校則なんてありません。あるのは、あの建学の綱領です」との返事。林田先生は、その額の中にある言葉をじっと見つめました。

1　学徒の品性を陶冶し真の国民としての教養を啓培する。
2　宇宙の真理を探究し、これを実生活に応用して社会に貢献する。
3　人類至高の精神、自由、平和、信愛を基調として世界に雄飛する人材を育成する。

「これを教師が実践する中で、生徒たちは勉強の大切さを知るようになるのですよ」

生徒の自由を失わずに理解させ、人間性を高める。なるほど、理想ではあるが、釈迦かキリストでもなければ難しいのではないかという疑問も残る中、一方で「人を導く教師であれば、常にそうした自己変革の立場を忘れてはならず、人間は常に努力が必要なんです」との言葉が胸に響いたといいます。

建学の綱領にある言葉を噛み締めるようになった林田先生は、利欲にとらわれず、広い心を持つような社会に近づけるようになるためには、本来あるべき姿や意義のある教育理念を発展させなければという思いを持って、学校を再訪。欠員が出た立花高校で社会科を教えることになりました。

「私が入ってまもない昭和52年当時、立花高校の生徒数は70名ほどでした。その頃、悪ソウを一手に引き受けていた唐津先生という先生がいて、みんな唐津先生が一喝すると、大人しくなる。ですから、私も一番最初のクラスの授業では、ある程度きちっとした態度を取ろうと思い、覚悟して教室に入りました」

まず目に入ってきたのは、四方に固まって横や後ろを向き、しゃべっている子どもたちの姿。教壇に立つと、林田先生はこう話しかけました。

「みんな、何のために学校に来よるか」

「……」

学校へ通った誰もが一度は自問することかもしれません。

林田先生は、一人ひとりに問いかけた後、こう伝えました。

「来たからには、何か掴んで帰れ」

そこには、何度も退学を繰り返していたクラスの中核の生徒Aくんもいました。

「トランプしていたグループにAくんがいて、『授業中に何しよるんか！』って言ったんですね。生徒からすれば、自分より大人の強い人間からいきなりズバッとやられたもんですから、堪えたんでしょう。でも、その後、徐々に態度が柔和になっていきましたね」と、当時のことを思い出します。

叱咤された驚きもあったでしょうが、Ａくんをはじめ、生徒のみんながこの時肌で感じたのは、「この先生、なんか違う」という直感だったのではないでしょうか。「おかしいことはおかしいと言ってくれる」先生。それだけでなく、そもそも「何のために学校に来るよるか」という生きる上での根本的な問いかけや、自分に向けられた眼差しに感じ入るものがあった。周囲から見放され、関心を向けられることのない生徒にとっては、自分に対して、真摯な言葉と態度で向き合ってくれる先生の存在が大きくなっていったのかもしれません。

こうした授業のあり方に関しては、先生同士が日々起こったことを共有し、改善に取り組んでいったといいます。

「社会の授業では、ノートの提出と、学期ごとに１教科１回の定期試験を実施していきました。生徒たちは嫌だなぁという感じではありましたが、テストを受け、不合格の場合は追試を乗り越えて、卒業に至ったことで〝貴重な努力の結果、卒業できた〟ことが自信につながったようです」

1、2年生の間でも、試験に合格し進級できたのは自分が努力した結果だと自覚するようになっていき、林田先生自身も大きな前進を感じたのでした。

## 先生と生徒の学び合い

生徒たちの変化に喜びを感じられるようになった一方で、中には一筋縄ではいかない生徒もいました。

気に障ることがあれば、すぐぶん殴る。クラスの誰も歯向かう者はいない。林田先生も手をつけられなかったという生徒Bくんに、「とにかく学校に来い」と出席を呼びかけ続ける他の先生の姿があったといいます。

その後、態度がやや軟化したBくんの進級は職員会議で議論になりながらも、その先生の熱意もあって1年生から2年生へと初めて進級することができたのです。

その時、林田先生は「学校へ来ること。そこから出発するしかないのだなぁ」と先輩である教員から学んだそうです。

「Bくんは3年生になって問題行動を起こし、退学処分にせざるを得ない結果になってしまったんですが、それが1年ぐらい後になって、嫁さんと子どもを連れて学校に挨拶に来てくれたんですよ。立花高校で過ごした日々が、何かしら、心に残っていたんでしょうねぇ」

悪ソウで手がつけられない生徒たちに、関わる時はとことん関わって向き合う先生たちの姿が浮かんできます。

「でも、『悪ソウ』とレッテルを貼られてしまう生徒たちでも、心の優しい子もいるんです。立花には身体的に障がいのある子もいるんですが、立花山の登山の時、腕を貸して頂上まで協力しあって一緒に登ったりしていたのは、その子たちでしたから。学校生活で少しずつ変わっていったんだと思います」

この頃の全校生徒数は70～80名。まだまだ経営的にも教育的な面でも、さまざまな課題を学校として抱えていた中で、生徒数を増やすことを問題解決の糸口にしようと動き出します。それまで教師の数や時間の問題で取り組めなかった体育祭・文化祭・修学旅行・課外活動の中心となるクラブ活動にも力を注いでいく流れとなり、1979（昭和54）年に必修クラブが企画されました。

テストの実施に少しずつ慣れていったこともあり、学年ごとに定期試験を行うことを決めたのが1982（昭和57）年、その2年後からは中間・期末考査が定着し、通知表が発行されるようになります。

人間的な部分での成長を伸ばし、自由を履き違えないよう学校らしさを定着させることに意識を置いた時代でもありました。

## 生徒から先生になって（旧教員・金田拓郎先生）

林田先生より3年ほど後から教鞭をとった金田拓郎先生によるエピソードもまた印象深いものがあります。

というのも、金田先生自体が県立高校を中途退学して立花高校に編入した元・生徒。一旦社会に出て、20歳の頃に学びの場へやって来た時に、温かく迎え入れてくれたのは当時の先生方でした。

可愛がってくれた先生から「お前みたいな者が大学に行って、教員になって帰ってきたらいいいんだ」と叱咤激励されたという金田先生。「立花高校が教師としての原点」だと振り返ります。

「一度学校を辞めた人間にとって、世間的にいえば中卒ですから夢も希望もないんです。それが、例えば差別の問題とか、今まで自分たちの意識にまるでなかったことを教わったりして、先生とは勉強以外で結びつきが強くなっていったんですね。そこから〝自分は人間的に変わることができる。新たなスタートが切れる〟ことを知り、いいチャンス、基礎をつくっていただいたなというのがあります」

金田先生が目指したのは、挫折を味わったり、悪いことをして普通の学校ではもうおいておけないような状況の生徒に「再生の可能性がある」ということを教師として伝えていくことを常にやっていくこと。

「やっぱり学校辞めるというような生徒が出てくると、〝俺も一度辞めたんやけどね、辞めた後、苦労するよ〟と、実体験の話をして、なんとか思いとどまらせることができましたから。若い先生は情熱でパッといく。ベテラン先生はまぁまぁとそれを受け止める度量の広さがあって、立花高校にはそんなバランスの良さがあったように思います。そこからノウハウを学び、教師としてのテクニックを盗みながら、自分のオリジナルの教育法をつくっていきました。

今でいえば、多動性の発達障がいの子、身体障がいのある子、性格に問題のある子、いろんな子たちが混じりあっていて、生徒たちに育ててもらったのかなぁという部分はあります」

毎日新たな発見があって、経験の中から視野を広げてくれたと話す金田先生。

「『水を飲むときは、その井戸を掘った人のことを思え』という風に教育していただいた。今の自分があるのは、ここにいたから。立花高校が私にとっての根幹であり、原点です」

## 中期　１９８７（昭和62）年〜

### 幸せの道筋を描く（旧教員・原田泉先生）

「私が立花高校に入った１９８６（昭和61）年頃というのは、歴史でいえば、中期といえるでしょうか。転入生の受け入れを全国から始めた頃でしたから、いろんなところからバラバラに集まってきたばかりの1年生というのは荒れていました。離席や問題行動、対教師暴力もあったりと、授業がなかなか成り立たない状況だったと聞いていました」

当時を振り返って話してくれたのは、ＯＢの原田泉先生です。

「私が担任を受け持っていたのは2年生でしたが、そこには1年の頃から暴れていた主流の子どもたちがいましてね。それはもう格闘したものです」

例えば、元暴走族のメンバーだった男子生徒は、他県からの転入生で、親類のいる福岡へ転校させられたことで、大人への不信感、兄弟間の劣等感ゆえの居直りが強烈で、教師としての未熟さを痛感させられることもあったそうです。

他にも、教師を嫌う女子生徒、問題行動の顕著な男子生徒など、原田先生は退学寸前まで行った子どもたちの面倒を見続けていきました。

「私が教員として立花に入る以前の前期はまだ、暴れん坊やナイーブな子も、傷ついた者同士、どこか同志のような家族的な雰囲気がもっとあったらしいです。時代の流れとともに関係性も変化していって、当時はこちらが熱心に話をしても、うがって物事を受け取る生徒たちに苦労させられましたね。けれども、まだまだ先生たちの変わらない団結力が素晴らしかった」

問題行動を起こした生徒の対策としては、社会福祉施設でのボランティア活動を通して、取り組んでいきました。

学校謹慎者は、特別時間割を作成して、全職員が空き時間にその子と向き合い、心理調査や、関係する本を読むことで反省を促す指導を根気よく努めていったのです。生徒の〝心の琴線〟に迫って、どうにか目覚めさせたいという思いのもと、突き進んでいきました。

先生たちは同じようなケースを体験していることから、互いに問題を共有し、励まし合いながら、その年の3月には全員卒業、進路を決めました。学力不足の子どもたちには、年度末ぎりぎりまで学力補充の補習を行う中、校長先生まで指導に加わる熱心さが生徒や保護者に伝わった結果でした。

「立花高校は、俺たちみたいなハミダシ者を受け入れて、それぞれの苦しみを理解しようとしてくれながら、生きる道（進路）を見出せる指導をしていただいたことに深く感謝します」

問題行動があった生徒からの卒業式の答辞にも、思いが込められていることがわかります。原田先生自身、どうにかして卒業させることを目標に、覚悟を決めて生徒一人ひとりと向き合ってきました。気づけば、卒業して何十年と経った今も連絡を取り合う仲の教え子たちが多数いるといいます。

「来る者拒まず、去る者追わずの精神で、総スカンを食ってどんなに嫌われようが退学させたくないという思いで面倒を見てきました。今では、東京のＩＴ会社でがんばって働いている子もいたり、大学に進学後、大企業に就職して社長秘書を務める子、専門校を経て外務省に入り、海外勤務で活躍する子、難関の地方公務員となり、同窓会の会長を務めてくれる子もいます。

〝人は変わることができる〟。そう思って、私としては一生付き合いたいスタンスで生徒と接してきましたが、教え子たちには〝最後まで面倒を見てくれていた先生がいたなぁ〟と後々、時々でも思い出してもらえれば本望です」

一足飛びではいかない毎日の積み重ね。子どもたち一人ひとりに対して熱心に指導を行うことは、並外れたエネルギーが必要だと容易に想像できます。ここでも、この時代の熱量のようなものは健在であり、その火は幾多の風雨で揺れ動きながらも、消えることなく炎を燃やし続けてきたことが感じられます。

## ここの先生になりたい

「とにかく無事に卒業させたい」。その一心で生徒指導にあたってきた原田先生が立花高校に勤務することになったきっかけ。それは、NHKの中学生日記の番組で紹介されていた、自分と同じ英語教師が取材されたシーンだったといいます。

「福岡の名物先生3人を紹介する内容で、その中に高校中退者や進学意志があっても入学が困難な子どもたちを全国規模で集めて、再教育に取り組む英語教師の実践風景があったんです。

坂道を登る生徒たちの姿、教師に見守られながら浜辺をランニングする元は問題児だったであろう生徒たち…。これまでの自分の愚かさを省みて、今後への思いを語る姿勢に、学園ドラマを超越するように度肝を抜かれました。自分にはこんなところの教師はとても務まらないだろうという思いと共に、憧れとして心に留めていたんです」

その後、縁あって立花高校へ英語教師として赴任する話がきた原田先生。後日、校長と酒を酌み交わしながら、同和教育を教育の根幹としている点など理想や思いも語り合え、専任教諭として迎えられました。

苦しさも楽しさもともに感じ合い、分かち合える先生たちの中で「一人の生徒もあきらめないこと」にこだわり続け、卒業に関する件では、一人の生徒について結論に至るまで6時間の討議を費やしたこともありました。

「やんちゃな子たち以外にも、里親会でアイデンティティが不安定な子たちにも関わっていましたから、その子たちに自尊感情をどうやったら持たせられるか。さまざまな個性を持つ生徒たちが互いに理解し合えるように、関係性づくりに重きを置いて取り組んでいきました」

全国から生徒の受け入れを呼びかけた影響もあり、１９８８（昭和63）年頃から徐々に、不登校や学力の低い生徒たちが多く入学希望するようになっていきました。新1年生たちは、さまざまな問題を抱える子も多いとはいえ、これまで偏差値で区別され疎外感を持たされていたことなどから解放され、新たな一歩を踏み出す機会を得て、活気づいていました。

その年は「玄海少年自然の家」で2泊3日の新入生オリエンテーリングが開催されたり、学校としても活発なムードの中、進路指導部が設置され、取り組みを強化していきました。また、進路指導にあたっては、県立高校を退職し、立花高校に着任された豪放磊落《ごうほうらいらく》でありながら、厳格な諫山和昭先生の指導を大切に取り組んでいきました。

原田先生が卒業にこだわったのは、社会に出た後、しなくていい苦労をしないで済むようにとの思いから。そのため、1年生の時点から就職先の開拓を念頭に置いて、職場の実習先を確保し、就職内定を増やす入口づくりを試みてきました。

具体的には、前年度の卒業生の就職先を訪問し、追跡調査を実施。職場適応、社会適応の遅さなど指摘を受けた報告を踏まえ、当年度の就職希望者の適性を審議したり、原田先生自身、職業教育において定評のある大分県の竹田南高校を個人訪問し、改善策を練って実行していきました。

不況期から超氷河期（平成８〜12年度）においても、毎年、就職雇用状況が悪化していく中で進路達成率を少しずつでも向上させることができ、就職や進学が困難と思われる生徒に対して、早い段階からのサポートに尽力していったのです。

実際、生徒たちは学校での対人関係をはじめ、社会的なコミュニケーションが乏しい状態で学校生活を続けていることから、職場体験学習を行うことで相互理解を深め、実習から採用へと結びつけることを目指してきました。

職場体験学習から採用に至ったのは、自動車整備工場、ビル掃除会社、クリーニング業界、鉄道車両の整備会社、医療関係の施設など、さまざまな分野で成果を上げています。

現実の自分の姿を知った上で、将来こうありたいと願う自分の姿を探求し、それを叶える学力、知恵、技術を伸ばしていく。幸せへの道筋を描く道案内をするのが教師の役目だと、原田先生をはじめとする教員一同、下地づくりから励んできました。

事務局からの要望で作成した、これまでの指導に関する資料は、若い教職員の研究会でもモデルケースとして活かされています。

## 後期　1996（平成8）年〜　「不登校委員会」の設立

### 青空に一番近い教室（旧教員・稲毛孝一先生）

平成8年度（1996年）の在校生154名のうち81名（53％）が不登校経験者。この頃になると、生徒の約半分を中学校時不登校だった子どもたちが占めるようになりました。生徒数は定員数の約半分、経営もまだまだ成り立たない困難の時代に、稲毛孝一先生は赴任しました。

中には入学できても回復せずに退学する生徒もいたため、それではいけないと立ち上げたのが「不登校委員会」でした。故・西村仁一先生を座長とし、その年、立花の教員になりたての稲毛先生ら若い先生6名が現場の舵取りを進めていったといいます。

今では、立花高校の特色となった不登校委員会の取り組みを見ていきましょう。

## 先生が生徒のもとへ

当時、文部省が90年代初めから全国で不登校の子どもがどのくらいいるか調査を始めて、世間に不登校のことが知られていくようになったんですね。それまでは一般的に〝登校拒否〟と言われて、マイナスのイメージが強い表現でした。

そんな中で、立花高校が不登校生に目を向けて受け入れるという学校方針を立てたんです。まだどこもやっていないということで、学校に来れない生徒がなんとか通えるようになってほしいという学校の思いとともに、経営を立て直す策としての取り組みでもありました。

「最初に取り組んだのが、『学校外教室』ですね。私たちが考えたのは、『生徒に原因があるんじゃない。学校に原因があるんだ』ということでした。画一的で競争教育といわれる既存の教育のあり方に疑問を抱いたんですね。子どもたちが仲よくなるより先に、順番をつけるような教育はおかしいと感じていました」

一般的に、ゆるやかで自由さのあった小学生時代から、中学校に上がる時に不登校生が増えると言われています。制服や髪型などの校則、テスト中心の勉強においては、激しい競争が突然やってきて、順応できない子が出てくる。不登校は2学期から増えていき、いったん休むとずっと行けなくなる傾向にあります。中には、いじめの問題もありました。社会の目が冷たいと感じ、隠れるようにして過ごさなければいけない状況に苦しむとともに、いざ高校に行きたくても行けるところがないという負の連鎖が日本の教育の現状にはあります。

「そういう教育を変えなければ、不登校の子どもたちはなくならない。本当に子どもたちが求めているものはどんな学校なのか。2004年からヒアリングを重ねて作り始めたのが『心からのメッセージ』というインタビュー集です。そこには『本当は学校に行きたかった』という子どもの本音や親御さんの気持ちが綴られており、稲毛先生は学校側に知ってほしいと福岡市内の中学校に冊子を配って回りました。

競争教育でない伸びやかな教育を、不登校の取り組みにおいてつくっていきたい。不登校委員会で最初に行った活動。それは、登校が難しい生徒のために公民館や団地の集会所、児童劇団などの施設を借りて、放課後、教師が出向いて授業を行うスタイルでした。

最初の年は、福岡市内４カ所に開設。生徒と学習したり遊んだりする中、一番の目的は『生徒たちと仲良くなって、家庭と学校の中間のところで人間関係、信頼関係をつくる』ことでした。

『同じような苦しみをしてきた子ども同士が出会うことで、いくつかの成功体験もあるにはあったのですが、初めは手探りで発車した状態でした』」と、稲毛先生は言います。

始まった当初は、学校に来ることが当たり前のことなのに「なぜ教師が生徒のもとに行かねばならないのか、経営的にも厳しい時なのにお金もかかる」という内部からの反対の声も上がりました。それでも、不登校委員会の先生方は古い教師感にもめげず、ボランティアで放課後の時間を使って、「立花の新しい教育をやるんだ」と血気盛んに臨んだといいます。そうするうちに「家庭から学校へのステップアップの場」として浸透していきました。

「この先生がいれば学校に来やすいと思ってもらえるんじゃないかということで、始めました。当時としては画期的な取り組みだったと思います。ここでは制服でも私服でも構わない。回を重ねるごとに、生徒も教員も、やがては保護者もリラックスして、子どもたちと向き合える気楽さが生まれていき、ゆったりとした時間が流れていました。

いつしか何カ所も通う子が出てきたり、口伝えで不登校の中学生や卒業生が通ってきたり、保護者同士の交流、地域とのつながりもできていって、何より子どもたちが、ここに『自分の居場所』を見出してくれるようになったのが嬉しかったですね」

何より大切にしたのは、心を開いてくれるまで、待つこと。少しでも動き出したい、変わりたいと思う子どもたちの小さな勇気を受け止める場づくりです。

「登校への橋渡しにしよう」と始まった取り組みでしたが、稲毛先生は「もしかしたら、ここに本当の学校の姿があるのかもしれない」と実感するようになりました。

出席すれば、学校での出席日数としてカウントされます。現在は粕屋や白木原、古賀など福岡地区に5カ所開設され、翌年の２００６年（平成18年度）からは全教員が出向いて行われるようになりました。

学校外教室にも通えない生徒には、家を訪ねて必修科目の学習を指導し、単位の取得をできるようなカリキュラムを取っています。

こうした取り組みを、教育界だけでなく、子どもたちの代弁者として社会へもメッセージとして伝えたいと、メディアを通して発信していく努力も継続し、立花高校は「不登校生のためのスペシャル校」になっていったのです。

## 「ミニスクーリング」

学校外教室に加えて、初年度に取り組みの一つとして始めたのが「ミニスクーリング」

です。

他の生徒が来ない夏休み中であれば、不登校の生徒が学校に来れるのではないかと、子どもたちの気持ちが学校に向くように段階を踏んだステップづくりの一環として、7月・8月に計9日間実施。最初は5~6人の出席から始まっていき、ここでも関係性づくりを第一に置き、ゲームやコラージュ、将棋、卓球など、それぞれ興味のあることを自由に行いました。

1999年（平成11年度）から、夏休み前期の7月には、2泊3日の泊まりがけでも行われるようになっていきました。阿蘇のやすらぎ交流館でそば打ち体験をしたり、ソフトボールで体を動かしたり…。その取り組みが実を結び、9月から登校し始めた生徒も増えました。

冬休みや土曜日にも行われるようになり、以後、毎年実施されています。

## 「サポート学級」

学校外授業やミニスクーリングの経験で、学校との距離が少しずつ縮まっていった生徒の中には、登校できるようになっても教室に入れない生徒もいます。

そんな生徒は保健室や生徒相談室で自習することになり、学習指導は行われないため考えられたのが、特別クラスをつくって他の生徒と同じように授業を行おうということでした。

「学校には来れても教室に入れない、一定時間経過後どうしても登校が難しい生徒や、人間関係でつまずいてしまった生徒をサポートするための特別の教室で、１年生から３年生までの混成学級でした。平成11年度の２学期から『適応指導学級』（後に『特別支援学級』の呼称を経て、平成18年度から『サポート学級』に変更）という名称で始まって、私が担任を務めました」と稲毛先生は話します。

最初の年は、1日3時間の授業を実施。翌年からは他のクラス同様、6時間の授業が組まれ、不登校委員会の教員が中心になって授業は進められていきました。

「混成学級ということで、一斉授業は難しく、個別に教えるということになるんですね。一人ひとりの進度も異なるので、教師としては定期考査の問題も数種類作成することになったりと大変でしたが、徐々に成果が見え始めてきたんです。このままだったら退学という生徒も、ここから無事に卒業していきました」

サポート学級の生徒たちは、できるこ

**廊下で授業**

どうしても授業にはいることができない生徒に授業担任が廊下に机椅子を持ち出してその場で授業を受けることを認めていた。できることを認めると、生徒は自力で次の目標へと進めるのかもしれない。

とから、自分のペースでゆっくり取り組むことで、サポート学級が自分の居場所になっていきます。他学級にはない、異なった年齢の集団の中、お互いに助け合いながら過ごせるように成長していけることが特色になっていきました。

「一つずつ一つずつ階段を上っていけるように、用意していったのが、今や立花高校を代表するサポート学級です」と、稲毛先生は穏やかに話します。

## サポート学級の教務内規づくり

サポート学級の生徒たちのがんばりや実績が認められるためには、学校内の特別の内規が必要でした。

学校外教室への出席、ミニスクーリングへの参加を、正規の出席日数や授業時間として換算する。定期考査受験を学校外授業や家庭でも一定の比率で評価する。そういった内容を盛り込んだ教務内規づくりも、立ち上げ年である１９９６年（平成８年度）からスタートします。

「当初は、甘すぎる、他の生徒と差が生じて規律が乱れるといった意見も多く出ました。成果が見えない最初の頃には、お金がかかりすぎる、先生が外にばかり出て学校にいないなどと厳しい意見も言われながら、なんとか3年間粘り強く討議していった結果、1998年（平成10年度）にようやく形になったんです」

学校外教室の指導後に食事をしながら、不登校委員会の先生同士で励まし合った日々もあったといいます。

「こういう課題もありましたから、登校できない生徒だけでなく、学校全体に関わる改革が必要になるだろ

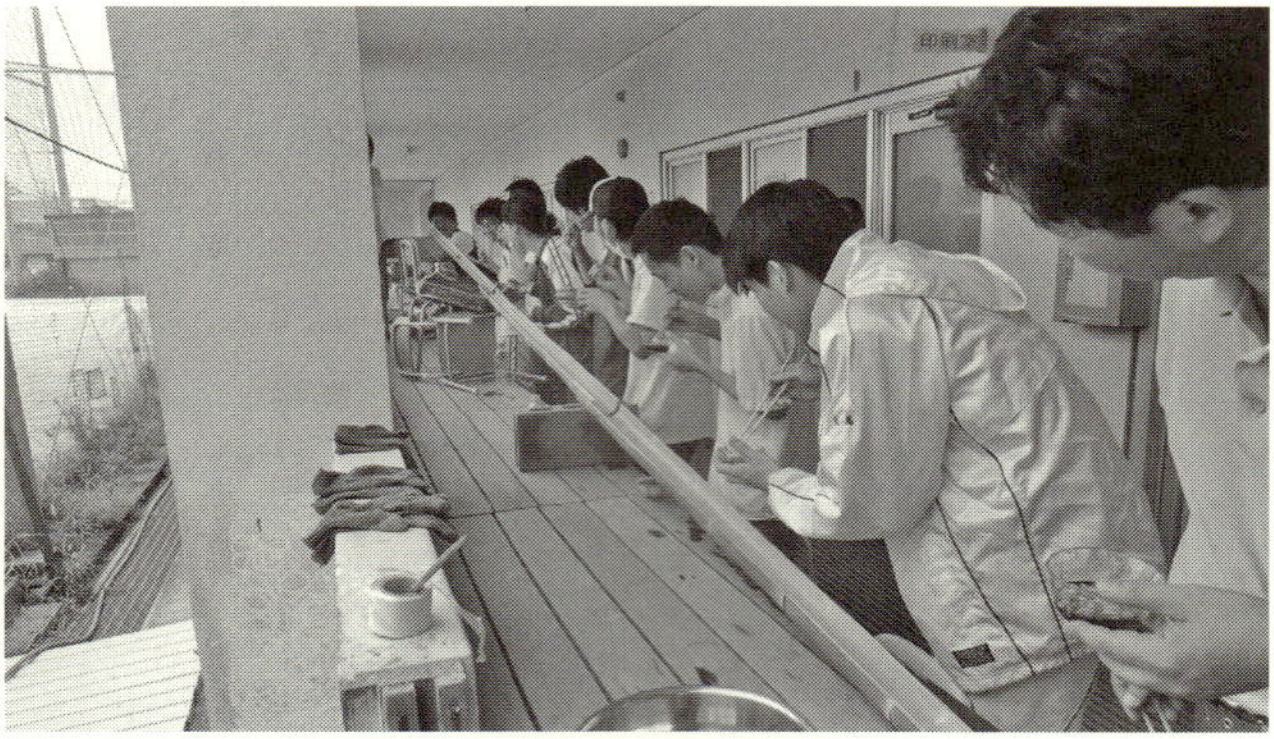

サポート学級制による夏休みの授業「流しソーメン」

うという流れが必然的に出てきたように思います。新しいことをやってるんだから苦じゃないよねと話しながら、今の学校教育がこれでいいのか、子どもたちからのメッセージを代弁しながら、大きく言えば、『日本の教育を変えていくんだ』という教育的な使命感に駆られていましたし、支えでもありました。それを確認し合う、教員の仲間がいた。それが、単位制という学制変更を研究し始めていったきっかけになります」

## 福岡県初の全日制の単位制高校へ

99%の高校がそうであるように、進級制度の学年制をとっていた立花高校。年度によって異なるものの、当時の生徒の卒業率は6~7割で、退学や転出の生徒もいました。また、多くの生徒は中学校時不登校だったため、入学しても休みがちになる生徒も出てきます。

「中には本人の意志ではなく、不登校受け入れ校ということで親御さんや先生の勧めで入学した生徒も多くいました。そういう子は、出席不足で単位が1単位でも足りなければ留年してしまう。もう一回、ゼロからやり直しになってしまう。そうすると、そこでどうしても退学していく生徒が増えるんですね。学校との関係も切れてしまいますから、この退学・転出を少しでも減らしたいという思いがありました」

平成13年度に学校改革委員会が結成されたことで、稲毛先生もメンバーに加わります。そこで検討されたのが、「単位制」でした。

「通信教育や定時制高校であれば、学年制ではなく、大学と同じような単位制。3年間の中で決められた単位を取得すれば卒業できる。これを普通校でできないかなと思ったんです」

文部科学省によると、単位制高校は1988年（昭和63年度）から定時制・通信制課程において導入され、平成5年度からは全日制課程においても設置が可能となっています。

単位制高校の特色としては、

・自分の学習計画に基づいて、自分の興味、関心等に応じた科目を選択し学習できること。
・学年の区分がなく、自分のペースで学習に取り組むことができること。

などが挙げられ、２００３（平成15）年当初は全日制単位制高校は全国で２９３校、２０１０（平成22）年は５３３校に増えています。

（出典：http://www.mext.go.jp/component/a_menu/education/detail/__icsFiles/afieldfile/2011/09/27/1299178_01.pdf）

この頃、全日制で単位制の学校は九州ではまだ珍しく、福岡県にはありませんでした。九州には、宮崎県のえびの高原国際高校が唯一の単位制で、見学を申し込み、県の私学局にも相談に何度も何度も足を運んだといいます。

「その結果、『学則を変えれば、できる』ということがわかったんです。わかったんですが、やはり旧態依然とした教育を変えること、内部で統一することは一筋縄ではいかない難しいものでした。でも、不登校の取り組みにはそれが必要と感じていましたし、それ以外の子どもたちも留年が決定すれば辞めていっていましたから、そこを変えられないかと単位制への切り替えを委員会で提言したんです」

当然、「これまでに例のない一高校でできるわけがない」と、3、4年かかって議論は交わされました。

「一人ひとりの成績を管理するのは大変だ」、「選択授業が増え、教室移動が多くなると規律が乱れるのでは」など、反対意見も出ましたが、それらの意見も検討を重ね、2003(平成15)年から福岡県で初めての全日制単位制へ踏み切ったのです。

「結果的に、導入してこれがよかったんですね。3年で卒業できなくても、4年、5年かけて、ゆっくりやっていけばいい。朝、遅刻しても、この授業に出て単位を取ればいいと思えるんだから、って。教員側も、『この子はこういうペースだな』とわかれば、それに合わせて対応していけばいいわけですから、ゆとりが出てくるんです。一人ひとりの生徒が、自分のペースに応じて修得単位を積み上げていき、卒業に向かうというシステムは、不登校生受け入れに積極的な本校にふさわしいと思いました」。稲毛先生らの熱意が伝わった瞬間でした。

２００６年度からは、「パイルアップスクール立花」方式を導入。パイルアップとは「積み上げる」の意。

自分自身のペースで出席数を積み上げていくカリキュラムです。

単位は各教科、年間３分の１以上欠席したら取得できないが、パイルアップ方式では欠席に重きを置かず、「○コマ以上出席すれば取得できる」という出席重視の教育スタイルを採用。生徒たちは自分の「パイルアップカード」を所有し、教科ごとに単位取得できるコマ数を目標とし、カードの空欄を出席ごとに自ら埋めていくことで、自分で単位の取得が実感できるプラス思考の勉強ができるようになったのです。

実際、単位制を導入して、この15年。類を見ないスピードで立花高校と生徒たちはどう変わったのでしょう。

「10年が経った時の調査では、退学率でみると従来15％だったものが、現在は５％以下に減少しました。数字的な実績も素晴らしいことだと思いますが、何より生徒と教師の関係に素晴らしい効果をもたらしてくれたんですよ」

留年がなくなるため、生徒たちは自分のペースで卒業に向き合っていけるようになる。教員も焦ることなく、一人ひとりの生徒とじっくり向き合っていく。そこに深い信頼関係が芽生えることで、やる気や励みにつながっていく、ポジティブな循環がかたちづくられていったのです。

「一般社会人が取る有給休暇のように、1年間のうちにある程度目標にした単位を取れば、あとはゆっくりでいいよということで、生徒に自主性が出て自己管理できるようになったんですね。単位制に切り替えることで不安ももちろんありましたが、やったことで、新たにプラスの部分が増えたり広がることがあるんだと感じましたし、チャレンジは必要と思いました。普段から『毎年同じことをしていたらだめだ。生徒も教員も新しいことにチャレンジしよう』と不登校委員会ではよく言っていたんです。その後も、トップである齋藤校長自らがいろんなことに目を向け、先生・生徒とともにチャレンジしていくことで、それが校風になっていったんですね」

もちろん、すべてが順調に進んだわけではないと、稲毛先生は振り返ります。学校に行けない自分を責め、拒食症になって中退したある女子生徒については「教師の熱意がプレッシャーになっていたかもしれない」と省みたことも。

稲毛先生は、彼女が中退した後も、年賀状や暑中見舞いを送り続けました。その後、彼女から「整体師を目指している。本当にやりたいことを見つけた」との返事を受け取って、嬉しかったと感じるとともに、子どもを信じ、愛情を注ぎ続けることの大切さを知ったといいます。

「自分一人ではなかったという安心感があった」、「自分が友人や先生、親から認められている実感が持てた」という生徒たちからの言葉も噛み締めながら、思ったことは「こうした子どもたちの心の声、心からのメッセージを受け止めて、今の日本に見られる競争教育のほころびを、〝共生の教育〟に変えていかなければならない」ということ。

単位制に変わって３年も経たない創世記の頃、不登校委員会の座長であった西村先生という柱を失ったこともまた、先生方の心を強くしました。

「先生は『見返りを期待しない』とよく言われていました。教員にありがちなことなんですけれど、これだけのことをやったんだから、それに対して生徒たちも変わる、成長するということを我々は期待しがちなんですね。でも、西村先生は『どこまでもやりなさい。ここで終わりということはないんだ。生徒のためを想って、ずっとやり続けることが大事』と言われていましたし、その意志を継いで、ますます教育改革の思いは強くなりました」と、これまでの道のりを思って、稲毛先生は感慨深く話します。

単位制導入後、校長になる前の齋藤先生が赴任し、選択科目の中に趣味や特技から自分に合った進路を見出す「ワールド」の授業も展開されるようになっていき、他の学校にない独自の魅力が生まれていきます。「リセットボタンをつくって、それを押すタイミングさえあれば、また学校に通えるようになる」と、教員たちも団結して、おおらかな心で生徒たちを受け止める教育へと徐々に変化していったのです。

前期・中期・後期と、立花高校の変遷をたどってきた中で見えてくるのは、いつの時代も、子どもたちの側に立った先生方の「粘り強さ」、「根気」、「深い愛情」でした。

## みんなのお父さん的な役割（教頭・片山裕一先生）

体育教師として、現在は教頭として、学校の変遷を体感してきたのが、教員歴34年を迎える「教頭ちゃん」こと、片山裕一教頭です。

教頭が立花高校に赴任してきたのは、昭和60年のこと。

「体育の先生として誘われて、ここに来ました。初めて、あの坂を登った時のことは今も憶えています。最初は人の気配がなく静まり返っていて、そのうち校舎に近づくとドラムの音がしてきて、目に入った生徒にはリーゼントやお化粧をした子もいましたねぇ」

当時は生徒が90名くらいで、先生は10数名という時代。60代のベテラン先生と私たち20

代とで、生徒たちとぶつかり合いの日々を重ね、一日一日が自分への「問い」だったといいます。

「ベテランの先生方は『やりたいことをやれ』って見守ってくださっていたし、少ない人数だけれども教師みんなで必死に問題に取り組み、高め合っていったという感じです。この頃は制服や入試を導入したり、文化祭や体育祭といった行事を手がけていった時代でした。生徒の中で普段は全くしゃべらない子が、文化祭では歌がすごく上手だったり、生徒の中に輝きを見つけたりすると嬉しかったですね」と目を細めます。

先生たちの熱量が当時から変わらないのはなぜか理由を聞いてみると、こう返ってきました。

「歴代の先生方の長く深い絆が土台になっているから、先生の数が2倍、3倍に増えた今もその変わらない校風が若い先生方や生徒たちにも伝わっているんでしょう。生徒たちの層が変わっても、接し方、態度は変わっていないんです」

教頭になって6年。現在は校長や先生たちと連携を取りながら「みんなのお父さん」的

**職員室**

職員室を密閉空間にしないよう、職員室の真ん中には生徒の導線が通っており、常に生徒の動静が感じられるようになっている。

な役割で学校を見守ります。

「何かあったら職員室においでって生徒に声をかけたり、先生方が働きやすいようにフォローするように心がけています。でも、最近は生徒たちも自主的に行動してくれますし、実はヒマなんですよ（笑）。今でも担任を受け持ちたいなという気持ちはそのままですし、立花高校が大好きです。ここに私がいるだけで安心と思ってもらえるような存在でいられたらと思います」

昔は猫の額ほどの旧校舎で、グラウンドもでこぼこ、草ボーボー。経営の危機を乗り越えて、新校舎が建ったのはまさに奇跡だったと話す片山教頭。

「今は、立花高校を求めて入学する子どもたちも多くなりましたし、嬉しいことです。旧校舎時代からすると、今は生徒数も5倍に増えたことで、それなりに仕組みも進化して変わった部分もありますが、根本の姿勢は昔と同じ。

その立花高校らしさとは何かと問われれば、『一人ひとりのことを想う思いやりと優しさ』だと思いますし、『生徒たちを見てください』と胸を張って言える学校です」

## 地域よ、社会よ、ひらけ

### 心をひらく第一歩

いつの時代も「変化を恐れず、いいと思うことはとり入れてやってみよう、楽しもう」「よかよか。肩の力を抜いていこう」がモットーの立花高校。内からの改革が進化・深化していくに連れ、地域という外からの見方にも作用し、変化が起こっていきました。

齋藤校長の講演会での話から、地域との関係性づくりが見えてきます。

「私たちはどこかから〝あそこの学校がいい〟と聞けば、北は北海道から遠くは北欧まで学校見学に行きました。視察に行った先生を博多駅で捕まえては、居酒屋に集まってみんなでいろんな話を聞くわけです。『よし、これやってみよう。だめだったね。よし、じゃあ次はこれやってみよう。』というように、どんどんどんどん、自分たちで考えたことを実践に移した結果、たどり着いたのがこの言葉です。

『できないことを嘆くんじゃなくて、できていることを認めてみよう』

例えば、挨拶。ある朝、４、５歳くらいの子を連れたお母さんに会ったんです。そうしたら、手を引いている我が子に向かって『ほら、ご挨拶は?』って言うんです。内心『そういうお母さんは…』って思いました。

また別の日のこと。ある高校を訪ねたら、運動場にいるサッカー部員の挨拶が凄まじくて、なんて言いようとか全然わからないんですけれど、まぁ気持ちのいい横で、若い先生が挨拶もせず、腕組みしたまま立っているんです…いや、そういう先生、アンタは? って、２日続けての出来事でした。

そんな、なんともすっきりしない気持ちの中、朝、学校へ向かうと、うちの理科の先生が坂道の途中でハザードをつけて車を路肩に寄せてたんです。なんしようとかな? と思って見てたら、先生はシートベルトを外して助手席の窓から身を乗り出して、生徒に『おはよう！』って声かけたんです。この先生に限ったことでなく、うちの先生方はまぁ、子どもによく声をかけます。

度を越して、他校の生徒にも挨拶するほど。こっちも向こうも知らない者同士びっくり。だけど、地域に住む者として何も間違ってないんですよね。

今の時代、なんでもかんでも電話がかかってきます。

『おたくの生徒、赤信号で歩いとった』って。その言葉を受けて、『じゃあ、おたくはなんで指導してくれませんでしたか。子育ては学校だけの仕事じゃない。地域の仕事です。もちろん学校も反省していますけど、おたくはなんて声かけてくださったんですか』…言えたら気持ちがいいでしょうね。平謝りでした。

でも、最近いい傾向にあって、立花高校の目の前にある公立中の生徒たちが僕らの車を見かけたら、手を出してくれるんです。朝からハイタッチですよ。地域にいい影響が出始めています。

問題はここから。なぜ先生たちはそんなに声をかけるのか。それは、愛おしくて愛おしくてたまらないからです。一人ひとりがくぐってきた壮絶な覚悟を知っていますから。子どもたちが学校へ向かって歩く姿を見て、泣こうと思ったら毎日泣けます。

みなさんに聞きたい。お子さん、お孫さん、地域の子どもたち。今朝、学校に行きよる姿を思い出してみてください。毎日学校へ行くのは当たり前なんでしょうか。寒い日も雨の日も、一生懸命学校に行きよるんですよ。でも、どうしてもこれを当たり前と思う方がいるならば、どうぞご自身に置き換えて考えてみてください。

仕事されていて、今日は休みたいなぁと思う日はありませんか？　きついなと、這うような気持ちで出勤することはないですか。それができない立場にある方は歯を食いしばってやっておられるでしょう。でも、誰がそれを見て褒めてくれますか？　当たり前で済まされてたまるものですか、我々だって。

自分が頑張ってることに気がつかないと、他人が頑張ってることなんて絶対気づかない。うちの先生方はそれを見事に気づいてくださっとる。だから、当たり前と思わずに、声をかけているんです」

一見、何の変哲もないように見える挨拶という行為。近所付き合い、人間関係が希薄になっている今の時代、大人たちの間でも難しくなっているように感じます。

とりわけ、不登校を経験してきた生徒たちにとって、学校に来られるようになったこと自体が奇跡というお話をしましたが、挨拶という他者とのコミュニケーションをとること自体、ハードルが高い生徒もいます。その子たち一人ひとりが抱えている想いや事情が、朝の何気ない風景の中に重たい空気となって現れているかもしれない。もし、子どもたちのことを大事に思い、よりよい社会を望むなら、ここで少しの想像力を巡らせてみたいと思います。

1日のはじまり。先生たちは子どもたちの様子や表情をつぶさに見つめます。ここでどのように生徒たちの心を軽くして、そのハードルをなくしていけるか、門の中へ一歩踏み出せるように、背中を優しく押すのが大人の役割、ひいては地域や社会の役割になっていると多くの人が気づけたら、こんなに素敵なことはありません。

子どもたちの小さな心にある大きな傷。その痛みに気づいているからこそ、私たちは心を開いて相手の気持ちを理解したいと思います。挨拶という気持ちと行動でもって、自分から相手に心をひらいて接することが、地域や社会の閉鎖的な部分をほぐし、社会がおおらかに心をひらくようになってくれればいい。立花高校は、そんな願いを込めて、これからもまっすぐな態度を示していきたいと思っています。

## 地域住民として、教師として

では、地域に暮らす人にとって、立花高校は今現在どう映っているのでしょうか。近隣に住み、ここ30年ほどの変化を感じ取ってきた住民の中に、旧教員の田崎典子先生がいます。この地域で、自身も3人の子を子育てしてきたお母さんでもあります。

地域住民として、教師として、感じたことを伺いました。

「地域の見方は本当に変わってきたと思いますし、私自身も地域の住民として実感しているんです。子どもが小学校に通っていた30年ほど前は、『立花高校に近寄ってはいけない』という暗黙の了解のようなものがあったんです。あそこの空気は別世界と言われていました。

子どもが『お母さん、立花高校って名前を書いたら通るっちゃろ』って聞いてきたり、『勉強せんかったら、あの学校に行かんといけんくなるよ』とか、当時はそんな言葉も囁かれていました。

私が立花高校に入ったのは、2000（平成12）年。子どもの病気で教師をいったん辞めていた頃、稲毛先生から『英語の非常勤の先生を探している』と声をかけられたことがきっかけでした。

稲毛先生のことは、こども劇場のサークルを通して、学生時代から存じ上げていたんです。同僚というより大先輩で、背中を追いかけていた存在でした。下の子は小学生で少し手が離れていた頃で、ちょうど学校外教室の立ち上げを少しお手伝いしていたのもあったんです。稲毛先生がいらっしゃることもあって、以前より地域の評判とは違って、立花高校を見る目も変わってきていたし、『子どもに関わる仕事がしたい』という思いは一貫してありました。それで、お話をお受けして、1年生の授業を最初に持ったんです。想定はしていたものの、想定外が多々。英語の授業をするというよりも格闘でした（笑）。とはいえ、接していくと、子どもたちはピュアで人間味があって、こちらが心をひらけばひらくだけガードを解いてくれるんです。

教員の基本は、『授業の中でどれだけ子どもたちと向き合っていけるか』にあると思うんですね。私であれば、英語という教科を通して何を伝えたいか。英語は苦手って子は多かったですけれど、教科だけの問題じゃなく、子どもたちとどう接して何を伝えていくか、『授業が勝負』というところが根本にあると思うんですよ。それで、どうやって授業を組み立てていくか、学ばせてもらったのが旧校舎の非常勤部屋でした。

当時の職員室は非常勤の先生用の部屋があったんですね。その中で、授業をどんな風にしようか、今日はだめやったーとか、励まし合っていました。この子はこの時はこうやったから、こういう面もあるよーって助言があったり、みんなで乗り越えていこうというムードがあったんです。年齢も関係なく、同期としてただ一心に苦労を分かち合える仲間でした。生徒たちに真正面から向き合って、思いを伝え合うことは、ここで培われたかなと思います。

◇　◇

非常勤時代、立花の中でやっていこうって思えた子どもたちとの出会いもありました。歴史に語り継がれている校歌を作った学年なんですが、嘘がなくて、やればやるだけ応えてくれるし、手を抜いたり口先だけの態度をすればすぐ見抜かれるんです。「よさこい」「野球部」「軽音同好会」の原形をつくったのもあの子たちで、「これをやりたい」、「こうありたい」、「こういう学校であってほしい」を全部体現してくれて、私にとっても大きな転機になった3年間でした。

その子たちに会うと、今も語り草になっている話があるんです。

1時間目のチャイムが鳴ると、間に合ったーといわんばかりに即お弁当を出すんですね。「わかった、じゃあ先生が出席をとる間に食べてね」って言うと、みんな食べとったよねーって。

それから、手先の器用な男子生徒がいて、当時は自分たちでヘアカットしたり眉を整えたりしていたんです。ある時、「先生ちょっと10分だけ時間ちょうだい。こいつの髪切りたいっちゃん。その後は集中するけん」って言うので、じゃあわかった、10分ねって大目に見るわけです。実はこの子が校歌の歌詞を考えたTくんなんですけどね。

甘いかもしれませんが、私は子どもたちのそういうところが好きで。だからこそ、51歳の時でしたが、校長から「担任を持ってほしい」と言われた時にも「お受けします」とすぐに言えたんだと思います。

私たち教員が飾らず、ありのままの自分でないと、いくら「あなた自身でいいんだよ」とこちらが言っても通じないんですね。不完全な私だけれども、一緒にクラスやいろんなことをつくっていこう。そう思えたんです。

子育ての中でも、反抗期のぶつかりや葛藤があって、「親としてこうあらねばならない」というところで苦しかった時代があったんです。それが自分を苦しめていたし、立花高校ではそうじゃないところをたくさん生徒から学ばせてもらいました。そうでなかったら、子育ても失敗してたかもねと思うくらい、感謝しています。

教師をしている間、息子たちも「今日、あそこで立花の生徒たちがたむろっとったよ」とか話題にしてたんですね。日常会話の中で共有できましたし、家族で見守ってくれてたんだなって思います。

地域との共生も、新校舎になってますますつながりが持てるようになっていると感じます。香椎の花火大会の時には校舎を開放しますし、普段から地域の親父の会が校庭でソフトボールしたり、積極的に地域に還元して、利用していただいているんですね。

齋藤校長が宮崎から赴任されて16年ほどになりますが、地域の中に自ら飛び込んでいって、美和台、和白東という二つの公民館の行事にどんどん参加しているんです。地域の人たちからは「立花高校はおもしろかねー」、「あそこはよかばい」という声を聞くようになりましたし、しっかり見ているんですね。校長だけでなく、これまでの歴代の先生方の姿勢や努力が常に愛に溢れていたからこそ、今につながっているんだと感じます。

立花高校が、生徒一人ひとりに対して、地域に対して、心をひらいてきたことで、「世間の目が変わってきた」。このことにおける要因の一つには、社会で語られるようになった「多様性」がキーワードに挙げられるように思います。

校長は言いました。

「社会が寛容さ、多様性を求める時代ならば、さまざまな理由で受け入れられてこなかった子どもたちがいることに、今こそ気付けるかどうか」だと。

そこに、今の疲弊した競争教育や社会を回復させるような、何らかの答えがあるはずです。

時代が変化してきた中で、注目されるようになった多様性。その言葉が聞かれるようになる以前から、多様性を受け入れることを実践してきたのが立花高校であり、そこには一貫した立花の教育哲学がありました。

「多様性を受け入れる」という言葉が至極簡単に聞かれるようにもなった昨今ですが、社会は本当にそれを理解した上で、迎え入れているでしょうか。

「多様性を受け入れる」とは、何もかもを認めて受け入れてしまえばいい、あれもこれも自由であればいいということでもありません。そこには共通の認識や理解が大切になってくるはずです。真の意味での多様性とは、どういうことなのか。立花高校の教育哲学とは？

次章では、それらについて触れてみたいと思います。

# 第3章

# 立花高校にみる多様性

## 立花高校にみる多様性

今、「多様性」は変化・変革を必要とする時代の象徴的な言葉であり、社会全体の成長を促すキーワードにもなっています。

多様性とは本来、何でしょうか。辞書を引いてみると、こうあります。

「いろいろな種類や傾向のものがあること」
「変化に富むこと」

多様性を認める。多様性を尊重する。多様性を受け入れる。

肯定的な意味合いとして語られることが多く見受けられます。

生物多様性、たくさんの種の共存といった地球環境の規模から社会、性別や年齢、人種、思想、宗教といった個々の違いにおけるまで、外的にも内的にも、この世界はさまざまな特徴や考え、価値観にあふれています。

学校や社会の中で語られるのであれば、人と人についての「相違」について表される言葉として使われることが少なくありません。

「あなたはあなたであること。私は私であること」

そこから認め合い、相互に結びついたり、影響を与え合ったりしている人々のまとまりが形成されて社会がつくられていくのですから、その社会を成長させていくには、相互関係のあり方がとても重要な課題になってきます。

社会が求めるようになってきたもの、見直されるべきものは、ありのままの私とありのままのあなたをつなぐ「間にあるもの」と言えるのではないでしょうか。

## 立花高校の教育哲学

では、立花高校において「間にあるもの」を見てみると、先生と生徒との結びつきから、立花の教育哲学が自然と見えてきます。そんなエピソードをいくつかご紹介します。

### ［エピソード1］ 気づき「与えることから、始めよう」

教育の現場に立つ時、子どもと向き合う時、他者との関係性を築いていく時、私たちはどこからスタートすればいいか。齋藤校長は、そのことを、「1本の缶コーヒー」に例えてこう話します。

「今の社会に必要なもの。それは自己有用感、自尊感情、自己肯定感といわれます。言葉は何でもいいのですけれど（本当はこれらの言葉の持つ意味は、全然違いますが）、子どもたちがそれを得るためにはどうすればいいか。私は自分の中でそれを『１００円』で表しています。

もしも自動販売機で缶コーヒーを買おうと思ったら、１００円が必要です。誰もが１００円を入れてボタンを押したら、コーヒーが出てくることを知識として知っています。つまり、それを実現する力はあるけれども、残念ながら１００円という原資がないから缶コーヒーが買えないとするならば、我々は彼らに１００円を持たせるところから始めることが必要だと思うんです。

まず、それをするためのエネルギーを与えるところから始めないと、なかなかその先の行動に結びついていかない。これまでの体験の中からすごく感じているんですね。

それを『自己有用感』という言葉で表すならば、『当たり前』という言葉で片付けてしまうのはいかんですよと言いたいんです。逆にゼロをベースに考えてみると、彼らが頑張っていることが見えてくるんです。

学校に毎日行くのが当たり前とするなら、1日しか来ていないことになる。でも、頭をリセットして、ゼロをベースに考えると1日頑張って来てるんです。この積み重ねなんですよ。週に1日、学校に来てるというのは事実です。この見方ひとつで、子どもたちは、私たち大人も、変わっていけるんですね」

齋藤校長がこのことに気がついたのは、13年前の全校集会がきっかけだったといいます。まだ全校生徒が200名にも満たず、学校がつぶれるかもしれないと思っていた頃。体育館に集まった生徒たちの中に、10名ほどの悪ソウが床に寝っ転がったままでいたそうです。「そこで『起きれ！』と怒ると、出て行ってしまうし、物に当たる生徒もいました。でも、ある日、職員室でコーヒーを飲んでいる時、女性の先生の口から核心をついた言葉がポロっとこぼれたんです。

「よく考えると、あの子たち、集会には出て来てくれてるとよね」。

その言葉に、ベテランの先生方が感に堪えるように食いつきました。

「あんたのいう通りや。できてないことばかり言ってしまうけど、ほんの少しでもあの子

**全校集会**

全校集会での教師による説話もただ話すだけでなく様々な工夫がなされている。生徒たちは感動したり心に響いたりすると、自然と湧き上がる拍手で教師の想いを称えてくれる。

たちができてることはあるはずや。そっちをちゃんと認めてあげずして、なんで彼らが『よし、次はこれにチャレンジしよう』と思えるか。思うわけがないよね」って。

先生たちがそこで気がついたのは、生徒たちがどうすればその気になるか、できる喜びを知ることで、変化が生まれるかもしれない、そのきっかけをつくるということでした。

「子どもたちが『やった！　できた』と思わせる方が先じゃないかと。変わらんといかんのは僕たちのほうや。僕たちが努力してシフトチェンジするべきじゃないか。そこで、目が覚めました」

## ［エピソード2］　変化を恐れず「思いきり振り回されよう」

「変わらんといかんのは僕たちのほう」

そう気づいて、生徒たちに接していくと、今まで以上に社会の息苦しさに気づくと齋藤校長は話します。

「高校教育を果たしてどこまで徹底させないといけないのかと思った時に、社会が我々教育の世界に対して完成品を求めすぎているんじゃないかなって疑問に思うんです。

若い人たちが未成熟であることは許されているはずです。ですから、それに連結して社会側が若年層を育ててくれればいいものを『最近の若い者は…』という一言で切り捨ててしまっている。そのギャップから、若い世代にどんどん無理が生じている気がしてならないんですね。大人も肩に力が入って、眉間に縦皺ができてしまっている」

凝り固まってしまった教育や社会の通念を和らげるためにも、子どもたちにとっての大人の仕事って何かと考えれば、「子どもから振り回されること」だと、齋藤校長は言います。

若い先生方に言うんです。「子どもたちに右向け右と言って、全員が右向きよったら、こんな危険な仕事はない。己の指導力を勘違いするな」って。「右向け右と言って、左を向く子がおったら、その子のおかげで育てられよるのは、こっちぞ」って。「どうやったらこの子に伝わるのかな。一生懸命になってやってみれば、大人も子どもも両者が育っていく。大人が育たんのに子どもが育つわけなかろうが」って。

大人であっても完璧な人間はいないように、子どもに多くを求めすぎれば、壊れてしまうかもしれない。未熟であることに寛容であること。

切り捨ててしまえば、そこで終わりになってしまうものにこそ、愛のある眼差しを向けることを厭《いと》わないこと。そこに、変化を生み出す可能性を見いだそうとする、立花高校の教育哲学が見えてきます。

## ［エピソード3］ 共感「休むことも勇気」

時として、子どもから学ばせてもらうことがある。

先生方の多くが日々経験するたくさんのエピソードの中に、こんな出来事がありました。

「ある朝、Mちゃんという生徒が女性の先生に声をかけました。『先生、おはよ〜』私たち先生でさえ、一目置くベテランの先生に対して、気さくに挨拶します。するとその先生が『ちょっとおいで』って呼びよせたんです。Mちゃんは、怪訝そうに走って駆けつけました。そうしたら、先生はその子を抱き寄せて、こうおっしゃったんです。

『先生、今日体調悪かったったい。やっと出勤したら、あんたが朝一番にそんないい笑顔で挨拶してくれたけん、先生、今日１日頑張れる。ありがとう。あんたの挨拶のおかげよ』って。

傍観していた私は、涙腺直撃でしたが、次の瞬間、爆笑です。Ｍちゃんが先生の頭を撫で返したんですね。『先生、無理したらいかんとばーい』って。

その後、トントンって背中を叩いて『休むとにも勇気がいる』と言いました。

泣き笑いです。１５、６歳の子が休むのに勇気がいることを知っとるんですよ。なぜか。苦労して不登校になっとるんです。決して甘えで不登校になったわけじゃないんですね。学校に行くのが当たり前の社会の中で、行かない結論に達するに至ったこの子たちがどれだけしんどかったか。そこから出てきた一言なんです」

朝の何気なく交わされる挨拶のシーンにも、傷を抱えた子どもの心理が窺えます。

さらに、別の場面では生徒たちはこう言います。

「先生、私たちに寄り添うことも大事やけど、うちのお母さんを癒やしてあげて」

不登校の子たちが傷ついているのは、自分が学校に行ってない事実ではなく、お父さんお母さんたちのことが何より気がかりだということも。

教育の現場に限らず、物事を当たり前、普通のことと判断してしまう前に、その物事や他者について理解が足りているかどうか。本質を問う作業が大切だと教えてくれました。

## 立花流、生徒・保護者との向き合い方

ここで、実際に子どもたちや保護者とどんな風に向き合ってきたか、ＯＧの田崎先生の話からたどっていきましょう。

「大変なことはいっぱいありましたが（笑）、そうですねぇ…例えば、２～３人の先生で学年団をつくっていたんですが、夜中に家を飛び出した子がいると、その学年団でその子の家に行って待機したり、校長も一緒になって行動してくれました。

学校携帯を持っていましたから、保護者の方とつながって24時間３６５日、対応していましたね。子どもたちとも保護者とも密な関係でした。

親御さんに話していたのは、親というのは、その子にとって死ぬまで親。だから、私たち教師はサポートできる部分はあるけれども、ずっと向き合って、一緒に生きていくのはあなた。その気持ちだけは忘れないでほしいと、親である自覚を促すことも働きかけてい

ました。私自身も子どもをもつ身ですから、担任として立花の中で大事にした自分の役割だったと思います。

男子生徒の息子さんを持つお母さんは、とくに扱いに難しいんですね。母子家庭の方も多かったので、問題行動とか非行に走った時に何もできず、こまねいてしまいます。でも、そこで逃げずに向き合ってほしい。親子だから何年かかっても、かけた分だけ繋がりができるんですよって。そこを語れるのが立花高校なんです。信頼できる大人として、子どもたちとの向き合い方を大事にしてきた学校だと思っています」

## トラウマを克服して

別の子の話です。

「幼稚園の時から、人前で食事ができない子もいました。その子は給食を食べるのが遅くて、先生から体を押さえつけられて強制的に食べさせられたために、ものが食べられなくなったんですね。ですから、学校には来れても人前で食事ができないので、給食の時はベランダの隅で食べたりしていたんですね。

親御さんと一緒に、その子が立花の中で、先生との関わりや友人の中でいい関係がつくれるように応援していったんです。私は保護者と関係をとりながら、だんだんとその子は友人と一緒にごはんが食べられるようになったんですね。嬉しいことに、昨年、同じ立花の卒業生と結婚されて、今でもずっと繋がっています。私が担任を持った1年目の生徒でした。

３年目に受け持った生徒で、同じように、小学校３～４年生の時から、給食が食べられないために不登校になった子がいました。立花には3年間ほぼ登校できたんですよ。修学旅行での食事は自分の部屋で先生たちとなら大丈夫というので、そうやって徐々に変化が生まれて、６年くらいかけて卒業できました。

私はその子のお母さんと同じ年齢で、家庭訪問でお母さんと話が合ったんですね。それで、お母さんが自分の思いを吐露するのを聞くことで気持ちが楽になっていったんです。そうしたら、お母さんと娘さんとの関係も良くなっていって。

2カ月に一度のペースで定期的に家庭訪問に通っていたら、サポート学級に通えるようになりました。そこで友だちや先輩、先生と出会ったことで、少しずつ気持ちがほぐれて自分を表現できるようになっていったんですね。彼女は卒業後、4年制大学に行って、心理カウンセラーになって病院に勤めています」

自分の居場所を見つけられたことで、自分らしく生きられるようになる子もいれば、次のステージが見つからないまま卒業する子もいるのが現実。田崎先生は、優しさを滲ませた声でこう話を続けます。

「立花高校では、守られていて居心地のよかった場所から、卒業後は自分をうまく表現できなかったり、現実を受け入れられなかったりする中でも歩んでいかなければいけない社会に出ていくわけですね。それで、苦しんで私たちに会いに学校へ来る子もいます。学校に来てくれるだけまだいいんです。来ることができずに苦しんでいる子もいるはずですから。その辺りで、卒業後のサポートも気になっていて、私たち教師の課題だと常々話しているんです。でも、言えるのは「何かあったら立花高校に帰っておいで」ということ。

長い人生の中で、人との関係を結べないまま、日々を送っていくのか。学校に通った数年でも友人ができたなら、自分にも一緒に過ごせる人がいたことで、その先、信頼できる人とつながりを持っていけるかどうか違ってきますよね。友情や先生との絆を持てること、それが母校の役割だと思います。

みんなに言うんですよ。「職場でもいいし、母親・父親になったら、あなたがしてもらったことをしてあげられるようになってね」って。

齋藤校長もまた、「共感すること」の大切さをしみじみ訴えます。

「できているところ、この1回を見逃さずにしっかり認めるということは、社会に通じていくことだと思うんです。たった1回の『ようがんばっとうね』が共感につながっていく。『この人はおれのいうことをわかってくれよらす』って」

学校は、個々がつながり合い、社会を形成する手前の、いわば小さな社会。子どもたちからのSOS、一方通行の心の声を見逃さないよう、受け止めることで、片思いから両思いの関係性を築いていくことが教育の根底には必要ではないでしょうか。

自己有用感といわれるものを高め、自己形成へと促し、そこからよりよい社会形成へとつなげるためには、大人も子どもも、互いに相手を思いやる言葉と態度とで接することが何より重要で優先すべきこと。立花高校の教員一同、身を以って経験し、深く感じていることです。

# 生徒たちの視点から

## 新１年生を支える上級生

たくさんの子どもたちが希望や不安を胸に秘め、新たな一歩を踏み出す入学式。立花高校の入学式は、一般的な入学式とは異なる雰囲気があって、数ある年間行事の中で最も緊張感が漂います。全国あちこちから顔も名前も知らない子たち、不登校だった子も多く、一堂に集まってくるのですから、体育館はピンと緊張の糸を張ったように静まり返ります。

そして、先生たち、親御さんたちにとっては「学校へなんとか来てくれた」ことへの感動で胸がいっぱいになる、涙・涙の入学式でもあります。

何より、立花高校の入学式が通常と異なるのは、２、３年生の生徒によって式が進行されていくことです。

張り詰めた空気の中で、不安で押しつぶされそうな新1年生を、優しく包み込むかのように朗らかに迎えてくれる上級生たち。それは、自分たちが経験し、その気持ちを痛いくらい理解しているから。「そこが立花の生徒の強いところ」と田崎先生は言います。

「『ここまでやっと来れた』、『自分は大丈夫かな』。新1年生の心の中には、いろんな気持ちが渦巻いています。あの緊張感は体験した子じゃないとわからない。わかるからこそ、受け止められるんですね」

入学式が終わって、最初のクラスのホームルームというのは、先生たちも汗びっしょりになります。

「入学して最初の方は、みんな顔はこわばって、構えてすごいガードしてるんですね。『あいつはどんなやつやろ』って相手を探っているというか、シンとした教室の中で、教師一人がただ話して、それを見ながら、みんなどう対応していいのかわからない様子。とにかく無反応なんです。先生同士、報告し合うんですが、私もそうしてる自分が一人芝居をしてるみたいで、おかしくなってきたりします。
１週間ぐらいはみんなきちっと座って、『もうちょっとリラックスしていいよ』と言いたくなるくらいかしこまっています。連休明けあたりからだんだんと和やかになってきますけれども。そういう中の出発で、何もない日はないんですね。１５０人入学したら１５０人のドラマがあるんです」

クラス編成は考えられていて、入学試験の結果と、事前の情報をもとに、人間関係、友達関係を基調にした編成が行われます。
「それもあって、卒業する時のクラスのまとまりというのが、それぞれのクラスでカラーが違うんです。担任の先生の色もあるし。卒業の時には、全然ムードが違っていて、みんなで入学の頃を振り返ると、おかしくなるんです。

私も生徒たちの誰がどこの席だったかとか覚えてるんですね。『あなた、ものすごく暗かったやろうが』、『あなたは後ろの席でこうしとったよね』と話すと、『うん、そうやった。めちゃめちゃ緊張しとった』、『いややったー』といった反応が返ってきます」

1年前の自分と比べて、気持ちの強さや優しくなった自分を感じて、学生生活を送ってくれたらいいな。先生たちもみんな見守っています。

## 教えること、教わること

習熟度の異なる子どもたちに授業を行うこともまた、先生たちにとってチャレンジや成長をもたらしてくれるもの。授業がどんな風に行われていたのか見てみましょう。

「まず、『中学校で習ったと思うけど』とか『これは知っとうと思うけど』という言葉がポロっと出てきたりしてしまうので、私たち教師はその発想を止めるところから取り組んでいきます」

田崎先生の専門、英語で言えば、ＡＢＣから、みんな一緒のスタート。国語、数学、英語は習熟度別に3段階でクラスを分けて教えます。また、必修科目の一つにゼロから学習できる中国語があるのも特徴。

「初級の中でも習熟度が分かれるんですね。一斉授業しながらも全部ＴＴでやっていくスタイルでした」

ＴＴ（チームティーチング）とは、複数の教師が協力して授業を行う指導方法。１９５０年代にアメリカで始まった教育形態で、１９６０年代に日本で紹介され、導入されるようになりました。

立花高校では、必要に応じて個別指導も行って、先生同士も助け合い、工夫しながら授業を進めていきます。

授業の上手な先生に対しては、みんなでその先生の教え方を見学して、自分の授業に生かしていきます。

「濱本先生という実力派の先生がいて、生徒から好かれているんですね。黒板に字を書く時には、体を生徒の方に斜めに向けて常に気を配りながら書いていくというスタイルなんです。よく『先生は後ろにも目がついとう』と言われたりしますけど、これがついてないんですよね（笑）。濱本先生は、まず黒板をきれいに使うんです。授業の始めに「今日の目当て」といって何を勉強するのか目的を書いて、それを明確に伝えるんですね。絶えず、生徒たちの顔を見ながら、達筆で板書をうまく使っているのが印象的でした。

先生の授業スタイルには、〝死んだ時間〟がないんですよ。『はい、ここは説明するから先生の顔を見なさい』、『はい、ここからは筆記』、『問題を解いてみて』、『一緒に考えよう』、『ここからはノートをとる』、『発表の時間』…というように、メリハリが効いてるんです。余談も挟みながら、50分間、生徒を惹きつける授業方法で、飽きさせない魅力がありました」

授業をとても大事にしている濱本先生。後に授業の秘訣を尋ねてみたところ、こんな答えが返ってきました。

「立花高校にはワールドや体験授業といった変わり種のカリキュラムがありますが、やはりベースを学ぶことは全てにおいての根本になりますから『基本の授業』に関しては最も力を込めたいと常日頃から思って実行しています。

心がけとしては、先生方の共通認識でもありますが、生徒たちに否定形の言葉は決して使わないこと。例えば、答えが間違いであっても『おしい！』とか『どうしてこうなった？』といった声かけをするようにしています」

「その答えは違う」で終わってしまうと、その子の中で勉学に対する興味や自信を失わせてしまうかもしれない。子どもたちへの細やかな気配りが学びの芽を育てていくことを、経験を経た上で濱本先生は痛感しているのです。

そうして個々の工夫だった授業の取り組みは進化し、今では学校の前期と後期に「先生同士の授業見学期間」が設けられました。

同じ学科、違う学科の先生の授業を見学し、先生たちもまた学び合って、生徒とともに学校生活を向上させていく仕組みが自然とでき上がっていったのです。
「教科ごとに研究授業を発表し、そこに先生方みんなが参加して高め合うことも行っています。立花高校は私学で転勤はありませんから、自ら自浄作業を行うようなものでしょうか」

先生たちの惜しみない努力が伝わってくる今もなお、安部清美先生から始まる愛の源流が、淀みなく流れていることがわかります。

## 子どもたちから受け取った愛

田崎先生は、たくさんの思い出の中から、退職前の最後の1年で受け持った生徒たちのことを話してくれました。

「退職する時、『先生、最後は3年生の担任をして終わりたいでしょ』って校長が優しい配慮してくださって」。ふふっと笑って、当時のことを思い返します。

「生徒たちもいきなり3年生の担任になった私のことをすんなり受け入れてくれました。その頃はまだ旧校舎で、エレベーターがない時代。クラスは5階だったので、1階の職員室で朝礼があって、それからすぐ1時間目が始まる前に速攻で朝のホームルームを行う流れだったんです。万歩計を付けて、よく歩きました（笑）。

そんな中で、2人くらい私の体を気遣ってくれる生徒がいて、毎朝、ホームルーム用のカゴに資料を入れていたんですけど、職員室のところで待機してくれて『先生、荷物持っていっとくね』って運んでくれたりして、本当にかわいい生徒たちでした。

もしかすると、持ち上がりだったら生徒たちの優しさに甘えて気づかなかったかもしれないですよね。人が困っていることに気づいてあげられる力がついたということを。

最後の挨拶では、『受け入れてくれたみんな、ありがとう。みんなが持っているいたわりや優しさ、その気持ちをこれからの人生の中で大事にしてください』と伝えました。

子どもたちからもらった元気、優しさ、温かさが、立花での私の18年間を支えてくれたもの。

『子どもたちから受け取った愛』なんですよね」

## ともにつくる校歌

単位制へと舵を切り、少しずつ学校に新たな活気が出て、生徒たちの自主性も高まってきていた頃。3年生の国語表現の授業で、こんな課題が出ました。

「立花高校に必要だと思うこと、実現したいことは何ですか」

そこで出てきた希望が「校歌がほしい」、「部活動の数を増やしたい」、「体育祭をしたい」というものでした。

当時の3年生（平成17年度（２００５年）卒業生）は、卒業の間際に校歌を完成させ、自分たちの卒業式で歌いました。作曲は、当時、音楽の教員だった現・齋藤校長です。歌詞は、全校生徒で取り組んだ短歌の作品からキーワードを選び、それをつなげていったもの。１番の歌詞は「入学」、２番は「在学中」、３番は「卒業後」をイメージして創られました。

続く生徒たちはさまざまな部活動を立ち上げ、活動の輪を広げていきました。体育祭も復活し、たくさんの行事で生徒たちが積極的に行動するようになり、他校や地域の方々との交流もかたちになっていきました。

少しずつ、少しずつ、生徒と先生が協力し合って、立花高校は「共につくる学校」へと逞しく成長していったのです。

## 立花名物「ワールド」の授業

単位制高校になってから、立花高校にはユニークな取り組みが増えました。生徒一人ひとりが自分の可能性に興味を持ち、それを育みながら夢を見つけられるようにとの思いからできたクラス。それが立花高校の魅力の一つ、「ワールド」と呼ばれる授業です。

茶道やアニメーション制作などを学ぶ「趣味特技おもしろ講座」、地域で清掃活動などを行う「社会体育福祉活動」、英検やパソコン検定などの取得を目指す「資格取得支援講座」といった6コースに加え、中学までの基礎を学び直す講座、大学進学や就職活動に向けた実践的な講座もあり、生徒自身が目的や希望に応じて選択します。

もともとは、「自分の進路を探るための授業として、やりたいことを見出そう」ということで、最初は先生たちが自分の教科以外で教えられる趣味や特技の中でできることをしていったのが始まりでした。ものづくり、体を動かすこと、大学受験向けの英語・数学など勉強したいこと、「コレ」と思ったものがあれば、何でもやってみるトライアル授業です。

２００６年度からは、卒業に必要な74単位のうち、20単位はワールドの科目から取得できるようになっています。パイルアップ方式もワールドも、「一人ひとりの実態に合わせたサポート」という独自の教育方針に根づいたものです。

今では、生徒にアンケートを取り、授業科目も幅広く多彩になっていきました。パソコン、英検、調理、絵画、ジョギング、サッカーや野球といったスポーツ、マッサージ、ヨガ、剣道、心理学、脳トレ、折り紙アートｅｔｃ…。

齋藤校長も、筆記試験の予行演習として運転免許事前講座を行うなど、時間割を組んで、希望者がいればなんとか開講し、生徒のやる気を尊重します。

「自分で考えて自分で選ぶプロセスが大事」と、普段は机上の授業が多い先生たちもリラックスしてまた違う楽しみ方、教育効果を実感しています。

そこから、また一歩踏み込んで、興味、得意なものを見出せるように、金曜日には1限目から4限目までは「体験授業」を実施。これは、2・3年生が対象で、将来進む道、方向性を見つけてほしいという思いから生まれました。

授業内容はさまざまで、パソコン、調理をはじめ、地元のボランティア団体と連携して、保健所で殺処分される犬猫たちの現状を知り、里親探しを行うなど小さな命をつなぐためにできることを考える授業「命のつなぎ方」や、地域の中で0才児から就園前の子育てママと一緒に公民館で過ごす「立花子育てサロン」も年4～5回開催。農業班もあり、美和台の生産者さんと一緒に農作物を育てたりと、地域を巻き込んだ体験授業が行われています。

「授業で学んだ経験を活かして、自分にはマッサージが向いていると、その方向に進んだ子もいるんですよ。『私は手芸が好き。だから、手先を使う方に向いてるかな』とか、座学の授業で見出せないもの、自分の個性に合った進路を考え、見つけられたら」

**体験授業（農業班）**

地域の方の指導を仰ぎ、学校内の畑で無農薬での野菜栽培に取り組んでいる。

**体験授業（サロン体験班）**

この日は地域の子育てサロンを本校で実施。救命救急士の方を講師として招いて、保護者の方々はリラックスしながら学び、子どもたちは本校生徒と交流をしている。

どこで自分の才能や夢にパッと目覚めるかわからない、計り知れない可能性を持った生徒たちに、多様なテーブルを用意し提供するのが教員の役目。勉学という物差しだけで学校が決めたものに当てはめるのではなく、子どもたちが自分で選び決定していく、もっと幅広いプロセスにこそ人生の意義がある。知らなかった世界との出会い、体験が、子どもたちの視野を広げる、まさにワールドという言葉がぴったりの授業アプローチが立花流なのです。

## 空間デザインにチャレンジ

生徒たちの活躍は、空間デザインの分野でも発揮されました。

2013（平成25）年、新校舎の設立に伴って、6階の展望ラウンジが生徒たちの手によって素敵にデザインされたのです。

その発想は、一枚の写真から。齋藤校長が当時行った北欧の視察からの経緯を話してく

**スウェーデンの中学校の職員室**

れました。

「この写真は6年前に行った、スウェーデンの中学校の職員室です。なめくさってますよね（笑）。ここには『大人がリラックスせんと、子どももリラックスできん、楽しくないとぜ』という雰囲気が満々です。

社会の厳しさを伝える大人なら、日本にはたくさんいます。でも、社会の楽しさとか人生の豊かさを説いてくれる大人が少なすぎる気がするんです。

私たちはスウェーデンの教育システムに感心し、帰国してから、事務長に頼み込んで予算をつけてもらい、ＩＫＥＡで家具を買い揃えました。新校舎ができた時には、３年生を連れていって『好きな家具を買いなさい』って。

事務長から『日本の量販店で揃えたらよかろうが』と言われましたが、『いや、ＩＫＥＡでないとつまらん』と言って、説得しました。

３年生たちは学校に帰って、まず実行委員会を自分たちで作って、ＩＫＥＡとの打ち合わせを全部やったんです。僕らがやったのは最後の支払いだけでした。その結果、できた部屋がこれです。６階の展望ラウンジ。子どもたちの感性がつまっていて、誇らしいですね。

この子たちのほとんどは、中学校に行ってないんです。でも、行けなかったことが人生を決めるほどの悲惨な出来事にはならない。この瞬間、こんなに素晴らしい空間を自分たちでかたちにした子どもたちが、ここにいるんですから。

こんなおしゃれな椅子がおいてあります。誰が授業に出ますか。来ないですね（笑）。

**６階展望ラウンジ**

当時の３年生が独自にデザインを考えた、癒しを大切にする学校文化が表れた景観。

私たちが頑張らんかと言えば言うほど、子どもたちはやる気を失ってる気がしてならないんです。我々がゆったりと笑顔で『まあ、あんたたち、頑張っとうね。ここはこうしてみよう。そしたらもっとよくなるかもしれんぜ』と建設的に、ポジティブな声かけをすることによって、彼らは頑張れるんじゃないかなって」

先生と生徒の取り組みを経て、少しずつ確実に見て取ることのできる実りある変化。まさに「１００円」を準備したところで、彼らがスタートラインに立つことで、子どもたちは自らの力や意思で、何かを成し遂げたり、夢を持つことができる。

社会の楽しさ、人生の豊かさ、自分らしさとは何かを体感する場としての学校であることが、教育哲学の根幹にあるのです。

# 学校と社会をつなぐステップづくり

## 社会とのギャップを埋める

「授業で生徒を惹きつけるのが上手」と田崎先生が話していた、濱本秀伸先生にも話を伺ってみましょう。

濱本先生の担当教科は数学。立花高校に赴任して18年になります。当初はこんなに長く勤めることになるとは思っていなかったそうですが、「今では立花高校から離れられない」と、茶目っ気のある笑顔を見せます。

生徒指導部長も担う先生の課題は、在学中に社会とのギャップをいかに埋め合わせていくか、ということ。

「本校の進学率は2～3割程度で、それ以外の生徒たちにとって立花高校というのは社会へ出る前の砦なんですよね。社会との接点をつくる上で取り組んできた『職場体験』を通して、生徒たち自身も仕事の大変さを感じたり、やりがいを見出して、卒業後の足がかりになっていけばと思っています。実際、就職率もアップしていますし、本校の子どもたちのありのままを見てほしいと伝えているんです」

社会とのギャップを埋めるという点では、「体験授業」を通して地域の人たちとのコミュニケーションを図り、深めることも大事にしています。

「2005（平成17）年に「ワールド」の授業を導入して、独自の授業展開で単位取得につなげていましたが、マンネリ化してきたところで、2014（平成26）年から『体験授業』を設けて、さらに生徒たちが関心を持つような取り組みに努めていきました。

田崎先生も話されていましたが、例えば、農業班、手芸班、広告デザイン班など、興味のある分野に入って、それぞれ自分に合ったものを探して磨いていきます。例えば、班同士で連携することもあって、レストラン班の依頼を受けて広告班がポスターを作ったり、売上げを『命のつなぎ方』の授業で犬猫の避妊手術のための寄付をしたり、つながりを生かした活動もできるようになりました。

月に１回は、『おたがいさまコミュニティ会議』と名付け、町内会長さんと教員、班の代表生徒が集って、連携して地域の活性化について話し合ったりもしています」

こうして自主性や行動力を少しずつ養っていきながら、生徒主導で迎える一番大きなイベントが卒業式。「生徒に学ぶところがいっぱいあるんですよね」と濱本先生は話します。

「３年生を送り出すために下級生が全員で式をつくり上げていくのですけれど、最初はできるか不安に思っていたところ、立派にやり遂げてくれて、思い込みはいけないなと感心しました。

５年前から始めた職場体験でも、そんな思い込みを払拭する出来事があったんです。２週間の研修の中で、その子は発達障がいのある子だったんですが、ゼリーの箱詰め作業をしている時に、『このゼリーおかしい』と気付いて社長さんに報告したら、腐ってたんで

**「命のつなぎ方」の授業の様子**

「命のつなぎ方」の授業の様子。校内の保護部屋で捨て猫や捨て犬を保護し、里親を探す取り組みを続けている。これまでに猫９匹、犬２頭の命をつないできた。

**おたがいさまコミュニティ会議**

おたがいさまコミュニティ会議の様子。月に１回、地域の方々と生徒・教職員合同で行われる情報共有のための会議。地域が学校のためでもなく、学校が地域のためでもない、お互いがお互いの出番を生かしあう文字通り「おたがいさま」の貴重な会議。

すね。職場体験ではもちろんいろんなことが起こりますが、こうした生真面目さが評価につながっていって、今では２００社の企業からご協力いただけるまでになりました」

入学前、自信をなくして入ってくる生徒たちに、学校生活の3年間でどうやって自己肯定感を持たせ、自分自身を取り戻せるようにしていくのか、それが教育の真骨頂だと、語気を強めて話す濱本先生。

「そのためには、その子が興味を持つ何かを見つけるサポートをして、いいところを褒めて伸ばす。これを心がけるようにしています」

## 学校の中の小さな社会～ＮＰＯ法人「パイルアップ」の設立～

立花高校の教育を語る上で、それ抜きでは語れない独自の取り組みに、卒業生に対しての支援があります。

「立花高校みたいな雰囲気の場所が社会にもあればいいのに」。

きっかけは、ある卒業生の保護者の方の一言でした。立花高校の卒業生の中には、卒業後、進学先や就職先で躓いてしまう子どもたちが出てきます。また、卒業と言う目標を達成したことで、しばらくは社会に出るための充電が必要になる子もいます。途中で進路変更を望む子がいれば、再進学や就職まで可能な限りのサポートを心がけてはいますが、どうしても目の前の在校生に力を注ぐことが優先になり、卒業生への支援との兼ね合いは、長い間、立花高校の大きな葛藤の一つでした。

そんな中、保護者の方がつぶやいた何気ない一言。「立花高校みたいな雰囲気の場所が社会にもあればいいのに」という言葉が齋藤校長の耳に止まったのです。これほどわかりやすい理屈があるでしょうか?

「本校は他の学校と比べると、生徒に対して格段に甘いと言えるでしょう。ただそれはあくまでも従来型の高校と比べればという話で、北欧等の学校のありようと比べると、まだまだ日本の学校の域を出ないかもしれません。けれど、従来型の学校から足が遠のいた子どもたちのためにある学校が、他校と同じである必要もない。だから、立花高校には学校であって学校らしくない独自の文化が育まれてきました。その結果、厳しい社会との段差は確かに広がっていったのかもしれません。

ここで、こんなに笑顔でいられる子どもたちが、社会に出たらとたんに逆風にさらされてしまう。ならば、社会が少しでも本校側に歩み寄ってくれるようにアプローチしようじゃないか。そう考えた結果、「ならば、社会の場を作ってしまおう」と思い立ちました。多様性が叫ばれる社会において、本校のような学校があってもいい。それなら、ほんのちょっぴり本校のような癒しの場所があってもよいだろう。そんな考えのもと、就労継続支援A型の施設として、校内に玄関直結のラウンジカフェ「Mama's CAFE」をつくりました。

現在は、生徒の昼食を中心とした食堂の経営と、学校内の清掃に取り組んでいます。

「Mama's CAFE」の由来は、文字通り〝母の温もり〟を感じてほしいからです。大量生産の学食ランチと違い、材料の一つ一つまで品質にこだわり、何よりも安心安全を第一にメニューを考えています。

ですが、愛情を込めてつくった食事をできるだけ格安で提供したいと思っても、材料にこだわれば、ランチは400円が限界値。その400円がどうしても高いという生徒のために、今度は100円や150円のサイドメニューを準備したところ、こちらも毎日完売する勢いです。なかには、バランスの摂れた食事を継続して摂ったことが功を奏し、皮膚疾患が治癒した生徒もいます。就労継続を支援する以外に、食育のあり方をもなげかける貴重な実践の場となっています。学食ひとつとっても、深い深いドラマが日常的に起こっているのです。

ここに集う本校の卒業生は「卒業しても社会に出ることができない」のではありません。「もう少し時間をかければ、社会で活躍できる素敵な可能性」なのです。階段が高いのであれば踏み台があればいい。それが「パイルアップ」という考え方です。安心できる居場

「Mama's CAFE」

本校自慢の「Mama's CAFE」。就労継続支援Ａ型の施設で卒業生の就労に向けた取り組みを行っている。ランチタイムには地域の方も自由に活用できる。

所で、できることを大切に続けていけば、ここでの自信が次のステップにつながるかもしれないという願いを込めて取り組んでいます。

校内に福祉作業所を設置し、卒業生の支援を行うという取り組みは、全国的に見てほとんど前例を聞いたことがありません。ですが、卒業生支援、福祉にこだわらずに例を探すと、もっと先んじた取り組みを行っている実践校もあります。学校という場は、前例にとらわれることなく、目の前の実態に応じた大胆な取り組みを自由に実践できる「柔らかい発想」が大切ではないでしょうか。この温かくて小さな社会の場から広く問いかけていきたいと思っています」

「できないことを嘆くのではなく、できていることを認める」という立花高校の基本理念を突き詰めていくと、「社会に通用するように子どもたちを成長させる」という社会一般の考え方に、もう一つ別のオプションを加えることが大切だと思えてきます。

それは「子どもたちができる手段に社会側が寄って行く」という発想です。これは、決して既存の考え方を否定するものではありません。どうしてもきつい子どもたちには、別のオプションがあって良いのではというシンプルな考えです。

学校外教室にしてもNPO法人パイルアップの設立にしても、生徒たちができる手段へ大人のほうが寄っていった結果生まれた手段の一つでしかありません。

できる手段を準備することで、「できた！」という自己肯定感、誰かに喜んでもらえるという自己有用感等が高まるのであれば、小さい一歩が次につながる可能性も大きくなるのではないでしょうか。

## 躓いても安心できる場所がある～卒業後の継続サポート～

「社会への階段が高ければ、０・５段の階段があってもいいのでは」というスタンスが立花高校です。

２０１２年に定年退職したＯＢの稲毛孝一先生もまた、母校の活動と連携し、自立支援塾を開設した後、現在は「Mama's CAFE」で卒業生のサポートに努めています。教員になる前は、福岡市の留守家庭子ども会（学童保育）で指導員を2年ほど務め、民間団体「子ども劇場」の事務局に20年ほど勤めてきました。「人にはいろいろな生き方がある。自分の経験を子どもたちに生かしていきたい」という思いのもと、子どもたち一人ひとりと向き合い、今なおつながりのある個々の卒業生たちを見つめ続けています。

そんな先生の姿勢に、最初は人間不信となり心を閉ざしていた、ある生徒も徐々に信頼することを取り戻し、６年かけて卒業しました。「それが君のペースなんだよ」と認めてもらったことが、卒業後の励みにつながっていったといいます。

「今でも付き合いのある男の子なんですが、その子は中学校の時にいじめにあって、そのとき教員が何もしてくれなかったんですね。教師、大人への不信感が学校に行けない大きな理由だったんですけれど、立花高校に入って学校外教室、サポート学級に通っていてもどこかで裏切られるんじゃないかと思っていたそうです。でも、だんだんとここなら信じてもいいんじゃないかと思えてきて、そこからガラッと前向きに変わっていきました」

稲毛先生は、その生徒からもらったという万年筆を今でも大事に身に付けながら、話を続けます。

「彼から教わったことは、生徒との信頼関係が教育の基本だということ。それを築ければ、教員が知識を詰め込まなくても、生徒は自分で勉強していきますし、自分の道を歩んでいけると思います」と、今の教育に欠けている人間味の部分を優しくも鋭く指摘します。

稲毛先生が私的に立ち上げた自立支援塾「立花塾」では、卒業後、定職に就けないでいる教え子の相談に乗ったり、近況を報告し合えるような活動を行っています。

いったんは克服できたと思っていても、トラウマから脱却することは困難だということを示唆する出来事もありました。

「一歩でも前に進みたいと思った」。職業後、順調に就職先が決まった男子生徒は、入社後に行われた新入社員の宿泊研修で、夜、急に鼓動が激しくなり過呼吸になって病院に運ばれました。

その後、「戻っても、同僚に迷惑をかけるかもしれない」と集団生活の不安から退社を決めたといいます。

そこで再び彼の手を取って支えたのも、稲毛先生でした。

「当時、『Mama's CAFE』が立ち上がる前のことですが、美野島商店街の中にある休息所兼食堂があって、そこにボランティアとして入ったんです。卒業して定職についてない教え子たち４人も一緒に入りました。買い出しや調理、接客などを行うことで社会勉強になるかなと思いましたし、少しでも自立につながるようにとの思いから始めました。

１年ほど経って、一度は社会から遠ざかっていたその男の子がハローワークの講習に通い出して、パソコンを習得した後、写真用品店に就職したんです。もう3年くらい経つと思います。

もともと頭のよい子でしたが、対人関係で自信が持てなかったところをクリアして、なんとか社会人として自立できるようになりました。他にも社会人になって苦労している子たちがいて、たまに飲んだりしながら話を聞いたりしています。

学校という場所では守られているけれど、そこを出てからが本番なんですよね。厳しい壁にぶつかっている教え子たちもいて、私は社会に出たその先も人生に躓いた時にサポートできればいいなと個人的な活動をやり始めたのですけれども、今は立花高校に「Mama's CAFE」ができました。卒業したら終わりじゃなく、社会で失敗しても戻ってこられる場としてつながりを保つことは本当に重要だと感じます。

立花高校は、有名進学校とは対極にある小さな学校。でも、一人ひとりを大事にするいい学校です。一般的な通念では遅い歩みかもしれないけれど、みんな少しずつ成長しているんです。社会は耐える場ではなく、もっとゆとりを持って、みんなが温かな目で見守ってほしいと心から願っています」

## 子どもたちの声を社会へ

こうした稲毛先生の切なる想いをはじめ、さまざまな先生、生徒たちの社会へ向けた気持ちを代弁するような、齋藤校長による話があります。

「誰かに頑張ってほしいと願うならば、その人がすでに頑張ってることに気がつくべきです。そして、その人がすでに頑張ってることに気づくためには、我々自身がすでに頑張っていることを気がついてなきゃいけない。私の話がここまで煮詰まったきっかけになった話をしたいと思います。

福岡市近郊のとある地域でのお話です。全校生徒が１００名に満たない中学校があるんですが、ある日、そこの2年生の男の子から立花高校にメールがきたんです。『立花高校のよさこいがかっこいい。教えに来てください』って。嬉しかったですねぇ。色々と心ない言葉で揶揄されてしまう学校を、かっこいいって中学生から言われたんです。それで、先生たちが車を出してくださって、1時間半かけてさっそく行きました。

先生方も感動して、差し入れにシュークリームを買ってきてくださっていたんですね。そしたら、うちのよさこいメンバーだった2年生の女の子が突然、袖口を引っ張るんです。『校長ちゃん、ティッシュペーパーもっとる？　弟に持って帰ってあげたい』って。

優しくないですか？

今どきの女子高生が食べるのをがまんして、弟にシュークリームを持って帰ってあげたいって言うんです。その子は本当に心優しい子なんです。私は涙が出そうになるのを抑えながら、『ほら、先生のを持って帰っていいよ』って言ったんですね。そしたら、『いいです』って言ってきて、いつも僕にタメ口しか利かない生徒が遠慮してる証拠やと思って、『いいから食べり』って言ってあげたんです。

その子、パクッと一口食べた瞬間、椅子から立ち上がって『わぁ、美味しい！　うち、シュークリーム初めて食べたー』って叫びました。

私と体育の先生は、トイレに走っていって号泣です。

この子、17年間シュークリームを食べたことがなかったんです。初めて食べられるその1個を、弟のために持って帰ってやろうとした子なんです。その帰り道、僕の車の助手席に座って、シュークリームを大事に膝の上にのっけとるんですね。『あんた、優しいねぇ』って言ったら、こう返ってきました。『でもね、校長ちゃん、わたし中学の頃ね、〝優しいだけじゃ社会に出て通用せん〟って言われた』って。


みなさん、本当にそう思いますか？

親として、子どもがこんなに優しく育ってたら本望やないですか？

それでも、この子の優しさには目を向けずに、社会に出たら通用せんと言ってあげることが大人の責任なんでしょうか？

冗談じゃない。僕らはそういう社会をこの子たちに残すために頑張ってるんじゃないはずなのに、変な方向に行ってる気がするんです。

私は運転しながら、それを言ったであろう大人に腹が立ってしまって『なん言いよっとか。そのままでいいんよ』って声をかけたら、彼女がポロポロッと涙を流しながら『校長ちゃん、うち変わらんでいいと?』って。『うち社会に出るのがこわい』って言ったんですよ。さすがに運転しながら泣いてしまいました。

私はその子に『大丈夫よ。あんたのその優しさはね、社会に出た時、みんな可愛がってくれるよ。心配せんでいいよ』と言いました。

学校に帰ってすぐ進路指導室に走っていって、『進路指導やめよう。ばからしい。なんで子どもたちが大変な思いをして全部かぶらんといけんとや。うちの生徒たちはこのまま社会に出して、社会をおおらかに変える起爆剤になろう。求人票に合うように子どもたちを変えるんじゃなく、子どもたちに合うような求人票を見つけようって。そういう求人を出してくれる会社を1社でもいいから見つけていこうって。そうみんなで話し合いました。

私は、卒業式に生徒たちに向けて必ずこう言います。『校長ちゃん、校長ちゃんて呼んでくれてありがとう』って。愛おしくてたまらんって。『あなたたちは、この愛おしさを社会に広げる天使の役割がある。だから、就職したら社長ちゃんに甘えなさい。クビになったら、ごめんねって。100人に1人でもいいから、今度の新入社員は可愛いらしいなぁ、社長ちゃんて言ってきたなぁと。そう思わせたら、わが校が間違ってない証拠』だと。

福岡には素晴らしい高校、いっぱいありますね。日本が誇る名門校も。60年間いろいろと言われてきた立花なんですが、みなさん、うちだって素晴らしいんです。

私は校長として謙虚でありたいと願っていますが、固く誓って謙遜は申し上げない。トップの人間がそこを誇らしく思わないで、それが学校だとするならば、なんで生徒が胸を張れましょうか。うちの生徒は日本一だと僕は思ってます。

ただ他校の生徒と同じ社会経験をしなさいといわれても、手も足も出ません。みんなそれぞれの個性やカラーがあって、その子たちに合ったいろんな役割があっていいはずなのに、『こげんなからんと社会で成功せん、つまらん』という僕らの思い込みが子どもたちをすごく苦しめてるんです。

『人は本当に苦しい時には、苦しいと言えない。本当につらい時、つらいとは口に出せない。泣いている人ばかりに気を配るのでなく、泣けない人こそ愛してあげたい』

わたなべあけみさんの詩です。

心療内科に行くのに勇気がいる国です。骨折した時に整形外科にいく時、勇気はいりません。なんで心が折れてはいけないのか。隠さなきゃならないのか。

苦しい時に苦しい。辛い時に辛いと言える社会をつくることもまたとても大切だと思います。助けてほしいと思う人がそう言えるためにも、きついときはきついといっていいし、頑張りすぎないこともまた大事。そうすることで、もっと頑張れる社会になっていくんじゃないかなと願いを込めて、講演会などでこのような生意気なお話をさせていただいています」

## 社会を変える起爆剤に

多様性（ダイバーシティ）を語る時、欧米など海外ではペアで語られる言葉があります。それは「インクルージョン」という言葉。

インクルージョンとは、一人ひとりが異なる存在であり、それが受け入れられること。そして、全体を構成する〝大切な一人〟として、その違いが活かされることを意味します。つまり、多様性を認めた上で、次のステップとして、個々を活かし合うフェーズまで発展していったのです。

それは図らずも、子どもたちにとってのよりよい教育のために試行錯誤、さまざまな変化を受け入れ、独自の実践を展開してきた立花高校が尊重してきたことでもあります。

「人は人を大切にしなければならない」

社会を構成する大切な一人として、ある卒業生が投げかけた、学校や社会に向けたこの提言も、インクルージョンの根幹に当てはまるものといえるでしょう。

一人ひとりの人生がある中で、誰もが自分の人生の主人公。その個が繋がりあって、社会が成り立っていることを今一度思い返してみると、画一的な教育や物事の捉え方が原因で凝り固まってしまった現代社会の病巣を救うのは、これまで見過ごされ、ないがしろにされてきたものを見つめ直して、立ち戻ることのような気がしてきます。

ゆとりや優しさを補い合い、「違いを受け入れ、活かされること」、「他者を尊重すること」ができれば、信頼し合える人がそばにいる誰もが、失敗しても起き上がれる、前向きでいられる。人に力を与えてくれるのは、孤独な競争ではなく共生関係だと、今、多くの人がそう気づき始めているのかもしれません。

「社会をおおらかに変える起爆剤になろう」は、立花高校から過渡期を迎えた社会へ向けたメッセージです。

学校という小さな共同体に学び、「視点や見方を変えてみること」は、教育だけでなく、社会、福祉、人生におけるあらゆる相互関係において、ヒントになり得るかもしれません。

社会が多様性を見つめる中で、「不登校」という言葉は、昔に比べればマイナスイメージが少しずつ薄れてきていると思えなくもありません。中学校に行けなくても、高校という段階で不登校生の受け入れ校は全国的に増えてきており、通信教育で資格を取得することも、フリースクールに通いながら高校卒業認定試験で大学受験を目指すことも可能な時代。生きる選択肢は広がっています。

ダイバーシティとインクルージョンは、そうした多種多様な選択肢を受け入れ、よりよい未来をともにつくることを目指す、私たちがいる社会の器。固定観念にとらわれず、目の前にあるものの見方や角度を変えてみることで、思考や創造の幅が広がり、思いがけない世界、可能性がひらける手段でもあるといえます。

「一人の子を粗末にする時、教育はその光を失う」

立花高校は、創始者が放った教育の光をダイナミックに受け継ぎながら、現在進行形で社会を照らす光となる子どもたちを大切にすることを信条にしてきました。

「一つくらい、こんな学校があってもいいのではないでしょうか」

齋藤校長のこの言葉は、もっと自由にもっと多様なかたちで子どもたちを受け止める教育や社会があっていいはずと、社会のセーフティネットとしての役割を担いながら、あるべき教育の本質を問いかけ続けています。

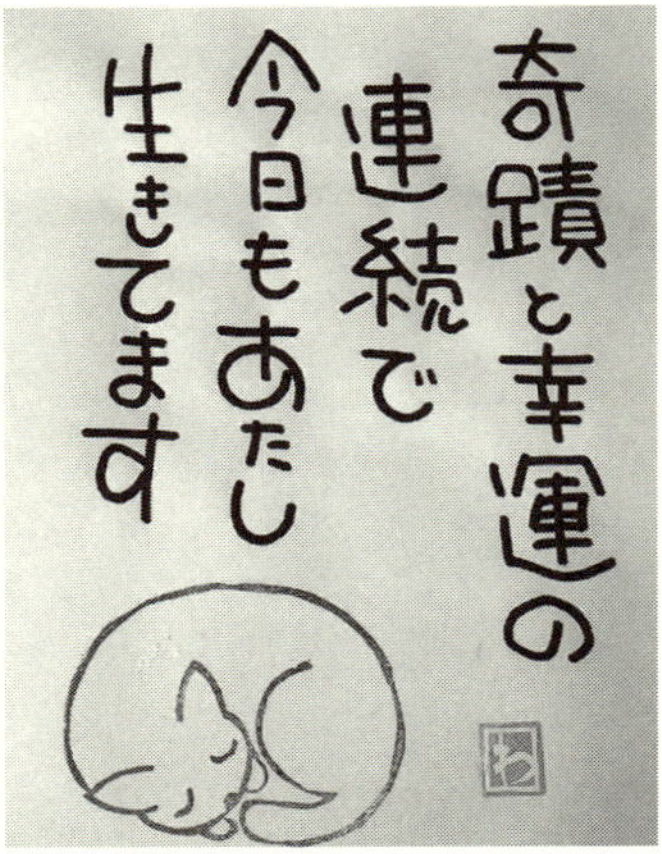


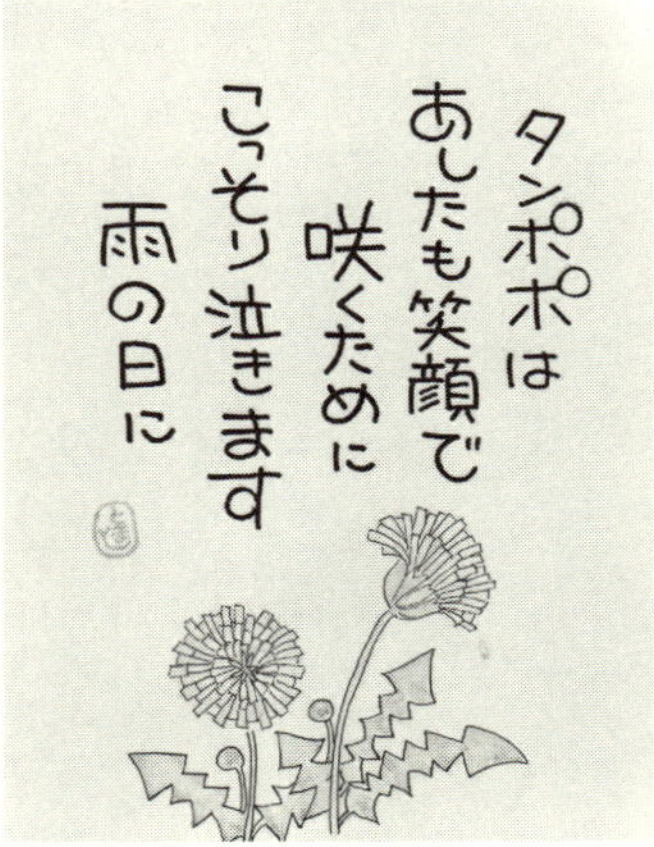


**わたなべあけみさんの作品**

本校の教育に共感し全作品を寄贈してくださった。その作品は校内各所で、叱咤激励でもなくただただ緩やかに本校生徒を見守ってくれている。

# 第4章　卒業式に希望をのせて

## 平成30年度 学校法人立花学園 立花高等学校 卒業式

深呼吸したくなるほど、澄み切った空が蒼々と広がる朝。

立花名物といわれる坂道を上ると見えてくる立花高等学校を、青空が祝福するかのように包み込んでいます。心臓破りのこの坂を一歩一歩、今日で学校を最後にする子どもたちは何を想い、丘の上まで歩いていったのでしょう。

3月1日。第65回卒業証書授与式。校門の前にはいつものように、今日も笑顔の齋藤校長や先生方の姿があり、生徒たち、保護者の方々を迎え入れていました。

講堂では、在校生とともに、3年生の晴れ姿を見送るために、着物や紋付袴姿を披露する先生方も。保護者席では、胸中にそれぞれいろんな気持ちを抱えながら、前方にいるわが子をまっすぐに見守る方々の姿が目に入ります。

式典は厳かながら、けれど、自由さが混じる雰囲気の中始まりました。

卒業証書授与式。担任の先生方から一人ひとりの名前が呼ばれると、生徒はステージに上がり、校長先生と向き合います。一般的な卒業式と違うのは、その子の名前を力強く読み上げた後、「おめでとう」と言いながら証書を渡し、その後、しっかりと目を見つめて握手を交わすシーンです。恥ずかしそうにする子、背筋を伸ばして受け取る子、ズボンで手の汗を拭う子、それぞれの卒業の儀式。


「3年B組のみんな、最高！」

「立花は世界一！」

「こんなにうれしいことはない！　先生方、ありがとうございました！」

中には、証書を片手に、ステージから大声でメッセージを届ける生徒の姿も。茶目っ気ある姿が笑いと涙を誘う、これぞ、立花高校スタイルです。


教え子の名前を呼ぶ際、感極まって声が震える先生の姿、ハンカチで目頭を押さえるお母さん方をはじめ保護者の方の姿も目に映り、会場にいるみんなが胸いっぱいになる晴れやかな授与式でした。

3年A組からG組まで7クラス計105人。学校生活の節目のこの日、壇上に上った生徒以外にも、この日学校に来れなかった生徒、サポート学級で卒業式を迎える子、それぞれのドラマがあることを、ここにいるみんなが共有し、思いを馳せながら、それぞれの道を歩んでいくのです。


一人ひとりに卒業証書を手渡していく約1時間の授与が終わると、バトンは、壇上に立つ齋藤校長によるお祝いのメッセージへ。一言一言語りかけるように、愛おしいみんなにこの想いをしっかりと伝えたい、そんな気概が伝わってくる、はなむけの言葉でした。

立花高校の指針、社会への提言とも受け取れる校長からのメッセージを届ける前に、立花高校の物語をともにつくってきた、個性あふれる生徒たちのメッセージ、保護者の方々の言葉を紹介します。

## 在校生の送辞

「先輩方、本日は卒業おめでとうございます。

先輩方からは新花祭（体育祭）、光輝祭（文化祭）など、あらゆる学校行事で私たち後輩をリードしてくれたのが、つい昨日のことのように思えます。この場では語りつくせないほどの出来事が思い出されます。

新花祭では、騎馬戦での気迫溢れるプレーや、負けても堂々としておられる姿がかっこよく感じました。光輝祭では、先輩方と一緒に団体をつくり、本番当日は朝倉産の梨と柿の販売をしたりしましたが、私たちだけではどうしようもできなかった雰囲気をつくっていただき、盛り上げていただいたことがもっとも印象に残っています。

とくに私の思い出として残っていることは、執行部をしている中で、それぞれの個性を尊重し合い、足りない部分をカバーしあって、いつも和気あいあいとした雰囲気で進められたことです。私の理想であり誇りです。

これからも先輩方の残してくださったものを守りながら学校生活を送っていきたいと思います。新しい生活の中で自分を責めてしまったり、きつくなった時は、こののびのびとした学校生活の中で学び得たであろう、相手のことを否定せずに受け入れる心を思い出してください。先輩方の健康と活躍を心からお祝いし、送辞といたします」

## 卒業生たちのメッセージ

一般的な卒業式では、在校生代表の送辞に対し、卒業生から代表者１名が答辞を贈ることが多いと思います。しかし、立花高校の卒業式では、答辞を述べたいと希望してくれた生徒全員が答辞を読み上げます。これから紹介する卒業生からのメッセージはすべて、答辞を述べたいと、自らの意志で希望してくれた生徒たちの言葉です。

### １単位から挽回した自分との約束

「平成最後の弥生の良き日に、卒業することができました。校長先生、先生方、仲良くしてくれた友達に感謝の気持ちを述べたいと。３年という人生の時間をともに過ごせたということは、喜びも悲しみも今は全部思い出です。

何よりも、お姉ちゃんとお婆ちゃんに1年生の時はたくさん苦労をかけていました。ごめんなさい。1年生の時は1単位しかなくて、もうあきらめようとしたけれど、入学式の作文を読んだ時に、『卒業式も作文を読もう』という自分との約束が心にあったので、そこからがんばり続けたら80単位取れて、卒業します。

これまでにいろんな歴史がありましたが、一番にお姉ちゃんとお婆ちゃんにありがとうを伝えたいです。4月からは女子大生になるので、また新しい生活をがんばり続けたいと思います。後輩のみなさんもあきらめずに頑張ってください。

ここにいる全員に言います。ありがとうございました、うふふ、またね！」

## 友だちは一生の宝もの

「小中学校の時はいじめに遭い、勉強にも追いつけず、人と馴染めない日々を過ごしていました。でも、立花高校に入ってからは友だちもでき、勉強に少しずつ追いつけるようになりました。先生方、友だち、両親のおかげです。

僕は社会に貢献する大人になるのが夢です。目標に向かって進んで行く中、立ち止まってしまうこともありましたが、その時に勇気を与えてくれた友だちや先生方に感謝しています。とくに両親には、当時、弱かった僕を立花高校に入れてくれてありがとうございましたと伝えたいです。立花に入れたこと、友だちができたことは一生の宝です。

やり残したことはたくさんありましたが、今度も目標に向かってたくさん達成していきたいと思いますので、応援よろしくお願いいたします。

（マイクから離れて）

『立花高等学校、３年間ありがとうございました！　僕らのクラス、最高でした、ありがとう！（叫）』」

## 支えてくれて、ありがとう

「私は小・中学生の頃にひどいいじめに遭っていました。高校に入って、友だちができるかすごく不安でしたが、たくさんの友だちができて嬉しかったです。

忘れられない思い出は、高校生になったばかりの頃、小中学校の頃の環境と違って、周りには髪の毛を派手な色に染めている子やピアスをつけている子がたくさんいてびっくりしたことです。でも、そういう子の中にとても優しい子がいて、すぐに友だちになれました。

それに私の担任になった先生方は、私のことをよく理解してくれて、いろんなサポートをしてくれました。困っていた時には親身になって助けてくれて、とても嬉しかったです。

仲良くしてくれた友だち、先生方にとても感謝しています。

3年間、私を支えてくれた方たち、本当にありがとうございました」

## 強くなったよと、両親に伝えたい

「本日はみなさま、私たちの卒業式に来てくださって、ありがとうございます。

私は３年間、立花高校でいろいろなことを学びました。１年生の頃から関わっていた友人や高３になって友人になった子さまざまですが、中でも喧嘩をした友人がいて、今は仲良しなんですが、彼女からお互いを理解し合う大切さを学びました。本当に大切な友人の一人です。

次に学生時代にいちばんお世話になった先生方のお話。私は2年生の前期が始まると同時に体調を崩し、卒業が難しくなった時期がありました。そんな時、助けてくれたのが、たくさんの先生方でした。私は先生方から人に頼ることの大切さを学びました。３年間、本当にお世話になりました。

最後に、いちばん感謝しているのは両親です。立花高校に来て、たくさんの人に出会い、学べたのはすべて両親のおかげだと思っています。中学校の頃、弱かった私を見ていた両親に少しでも強くなった今の私を見て、安心してほしいと思っています。大切な人たちに出会わせてくれて、ありがとう。

そして、3年間みなさん本当にありがとうございました。本日をもって、私は立花高校を卒業します！」

## これからもゆっくり一歩一歩

「この日が来てしまった。3月1日。この立花高校を卒業する日です。3年間は長いようで短く感じましたが、とてもいい思い出になりました。友だちづくりができるか、授業内容についていけるか、いろんな不安もありましたが、すぐに学校に行くのが楽しくなりました。夏休み、冬休みの1週間くらい前になると、早く学校に行ってみんなに会いたいなぁと思えるほど、立花高校が好きになりました。

学校生活でとても心に残ったことは、学年最後の光輝祭です。実行委員長として遅くまで残る日もあり大変でしたが、閉会式の後のやりきった！　という達成感は今でもはっきり覚えています。こんな楽しい学校と今日でお別れだと思うと、悲しくなります。僕はまだ進路が決まっていないので、不安や心配はありますが、ゆっくりと一歩ずつ進めていこうと思っています。

最後に、この学校に入学してよかったことがあります」

（マイクから離れて）

「立花高校のみなさん、こんなに楽しい学校生活をありがとうございました！」（叫）

## 陰で支えてくれた先生へ

「みなさんは憶えていますか？　入学式の日のことを。

あれから３年間の月日が流れ、私たちもついにこうして卒業の日を迎えることとなりました。光陰矢の如しということわざがあるように、この3年間はあっという間に感じられるほど早く過ぎていきました。

私たちは学校生活の中で多くのことを学んでいきました。楽しかったこと、悩んだことなどさまざまな思い出があります。そして、それは私たちをいつも陰で支えていただいた先生のおかげだと思っています。本当にありがとうございました。盛大な卒業式を創り上げていただいたすべてのみなさんに感謝します。

この学校で過ごした思い出を胸に、進んでいきます」

「友だち、先生、これからも繋がっていきたいし、かけがえのない存在です」

「立花高校に入ってよかったと思える3年間でした。女手一つで育ててくれた母に感謝します。夢に向かっていろいろ挑戦していきたい」

「美容師になりたいという道を見つけました。私らしくがんばります」

「ママへ。ずっと迷惑をかけっぱなしですみませんでした。卒業できましたし、言葉にできなかった気持ちをここで伝えたいです」

涙声ですべてが言葉になりきれなかった卒業生もいましたが、その気持ちや想いすべてを、ここにいるみんなが受け止めました。

## 保護者から贈る言葉

### 人生のよき先輩として、相談相手として

「春の風が吹き始める季節となりました。立花高校をたくさんの思い出とともに、卒業していくみなさん、またこの場に来れず別のところで授与式を行うみなさん、ご卒業おめでとうございます。保護者会を代表しまして、一言お祝いの言葉を申し上げます。

思い返せば、まだ旧校舎の残る立花高校に入学した時のことを思い出します。まだこの体育館はなく、入学式は〝そぴあしんぐう〟で行われましたよね。それから学校への坂道を日々上り、友だちと、また先生と、学び語らい、時には壁にぶつかりながら過ごした日々、瞬く間に時が過ぎ、目を閉じれば走馬灯のように蘇ります。

新花祭では、最上級生になるに連れて、後輩のよき手本となり、表舞台で活躍した人、

**お引っ越し**

旧校舎から新校舎への引っ越しは、雨降るなか校舎間にテントをたてて生徒たちの手で行われた。旧校舎時代に守り抜いたものを、新しい建物の中に魂として宿らせるような、とても印象に残る作業だった。

また縁の下で支えた人、それぞれの役割を果たし、大成功に終わりましたよね。光輝祭では、それぞれの持ち回りに分かれて進んで仕事をしている姿にすごく感動しました。

また平成28年には、初夏に新校舎が完成して、みんなで引っ越しするという、なかなかできない体験もありました。本当にいろんなことが目まぐるしく思い出されます。

みなさん、この立花高校で学ばれ、社会で活躍するため必要な知識や技術を身につけてこられました。社会人となる人、また大学や専門学校へ進学する人、みなそれぞれの道を目指します。

新しい場所では、素晴らしい出会いが、あるいは大きな壁があなたの前に現れるかもしれません。でも、大いに楽しんでください。疲れたら、休んでください。それでも心が折れそうになったら、誰かに話してください。みんながあなたを応援しています。みなさん一人ひとりが輝かしい未来に羽ばたいていくことを強く願っています。


保護者のみなさま、改めまして、ご卒業おめでとうございます。子どもたちを育てて、心身ともに成長著しいこの日まで一言では語りつくせぬご苦労があったかもしれません。ですが、今日のこの子どもたちの晴れ姿を胸に刻み、これから先も変わらぬ愛情で接し、人生のよき先輩としてともに頑張っていきましょう。保護者会にご理解いただき、ありがとうございました。

子どもたちをご指導くださいました校長先生をはじめ諸先生方、ありがとうございました。これからも人生のよき相談相手として変わらぬご指導を賜りますようよろしくお願い申し上げます。

卒業生のみなさんに心からの祝福を贈り、輝く未来を照らし続け、今後ますますのご発展とご活躍、またご臨席のみなさまのご多幸を祈願させていただき、私の挨拶と代えさせていただきます」（保護者会会長）

## 社会へ出ても「ともに」の精神を

「保護者の一員として、みなさま方にご挨拶させていただきます。

日頃より、地域の見守り、大きな事故もなく過ごせたことは深く感謝、ありがとうございます。

齋藤校長先生、先生の意志堅固の不動心、しっかりと子どもたちに伝わっております。先生がいてくれたから、ここまでやってこれました。小中学校と波乱万丈、高校への第一歩はゼロからのスタートでございました。ですが、この3年間で得たものは人生の指針、宝ものになりました。

諸先生方、思春期と反抗期が入り混じったような多感な年頃の子どもたちと接することは本当に大変だったと思います。親子でもむかつくーと思うことがあるだけに、みなさま方においては家族同様とは思っても、こんちくしょーと思われたことも多々あったかと。ですが、大きな大きな深い懐で見守りくださいましたこと、深く、ありがとうございました。

在校生のみなさん、卒業式のこのよい餞にとご参集いただきまして、本当に本当にありがとうございます。時に兄弟のように、時に友のようにと、本当にこの立花の基礎をみなさんと築けたことは卒業生にとっての何よりの思い出です。

雲ひとつないお天気で、はじめの一歩、踏みしめながら、この3年間を一歩ずつ草の根行動で大きく成長したみなさんの姿を、〝会えてよかった、立花で。出会えてよかった、立花に〟、そういう思いがふっと込み上げてまいります。

ここで、東北震災で被災した私の知人の息子さん、みなさんより1つ年上になるてつやくんからもらったメッセージを紹介させていただきます。

東北震災で被災した学校、何校あるかご存知ですか？　６０００校以上だそうです。その中で残った学校は、宮城県石巻市だけでわずか3校だということを、みなさん心に留めてくださると嬉しいです。

『高校を卒業して、進学する人、就職する人さまざまだと思いますが、それぞれ少なからず不安を抱いていると思います。そんな時は一人で抱え込まず、遠慮なく人を頼っていいと思います。私は今、自分がやりたいことを探している最中です。この度、卒業されるみなさまには人とのつながりを大切にしてほしいと思います。一見なんでもないことに思えますが、これからの出会いはそれぞれの人生の選択が少しでも変わっていたら、出会うことのない人たちだと私は思うからです』

みなさん方がいまここにあるのは、みなさん方ひとりの力ではありません。

多くの人がみなさんを支えています。ともに学び、ともに生き、ともに歩み、ともに進む、そのともにともにという姿勢というのをこれからも一歩一歩社会に出ても分け与えてくれたらなというふうに思います。

あ　愛情あふれ
い　いつまでも
う　上むくときも　下向きも
え　笑顔わすれず
お　お元気で

ご卒業おめでとうございます」（保護者代表）

**社会に届けたい、「立花らしさ」**

〝自分の弱さを知るたび　あなたの温もりを知りました
この歌が響くようにと　届くようにと
飾らないそのままの思いを

僕がいつか　誰かを守るときがくれば
あなたの手を思い出すだろう〟

卒業生から贈る歌は、嵐の楽曲『ギフト』。その歌詞を噛みしめるように歌った後、出発、学校生活、卒業…校歌に数年間分の思い出をのせて、軽やかな歌声が講堂に響き渡りました。

最後は、在校生や保護者が見守る中、先生たちがつくった花道を歩いて、体育館を後にする卒業生。笑顔でしっかりした足取りを見せる子、涙を溜めて先生と握手を交わす子、恥ずかしそうに足早に通る子、先生とハイタッチやハグで卒業の喜びを表す子、お別れのスタイルもさまざまです。

最後まで、「立花の生徒らしさ」が感じられる卒業式となりました。

「学校とは？」と問われれば、真っ先に返ってくるのは「学びの場」という答えでしょう。

その学びとは、と考えると、勉強だけでなく、個から集団へ、とけ合っていく学校生活のプロセスの中で他者との違いや自他の魅力を発見して理解することでもあります。

彼らがここで学び育んだ思いやり、優しさ、強さ、成長…それらが輝きとなって、卒業生それぞれの表情に満ちていました。

この日、一人ひとりの胸をいっぱいにした希望や不安の入り混じる気持ち。

このまま、本当の自分のままで、社会にいられたら。

人は、社会は、理想を説きながらも、「現実は厳しい」といいます。

けれど、本当にそうでしょうか。

インターネットが普及し、グローバルな視点で世界の教育のあり方、生き方をお手本にもできる時代です。常識といわれる先入観や固定観念も、実際に本当にそうなのか、一度まっさらな状態にして自分に落とし込むこと。自分で考え、自分で判断することが心を強くし、浮かんできた疑問に対し、答えを導ける術でもあります。

争わず、手を取り合ってしなやかに生きることこそ誰もが本質的に求めていることだと、私たちは心のどこかではそのことに気づきながらも、社会の常識にとらわれすぎて、そっと蓋をしてしまっていたのかもしれません。競争社会がまねく格差や悲しい現実を前にして、立ち止まって問いかけてみる。今、まさにそんな時代が来ているのだと、立花高校は感じています。

そして、その理想論をみごとに学校生活で体現してくれているのが、わが校の生徒たち。ここから先、彼らが自分らしく歩んでいけるように、大人であるわたしたちもまた、変化をおそれず寛容でありたい。誰もが一度しかない人生を謳歌し、次世代へ希望や精神的な豊かさを手渡していくことが、おおげさなことでなく、人類の幸せと言えるのではないでしょうか。

最後に、社会への提言ともいえる齋藤校長による卒業生へのメッセージを贈り、この本を目にしてくださっているあなたへ、バトンを渡します。

# 君たちこそが社会を照らす光

「教職員を代表してお祝いのメッセージを述べるところなんでが、まず何よりもいちばん伝えたいこと、後ろに座っている在校生の素晴らしい態度にもう胸が詰まっています。

3年生はある意味、主役だから。ちゃんとするのはわかっとうけど、1、2年生がこんな態度を取るなんて、本当に心から3年生をお祝いする気持ちがひしひしと伝わってきます。先生たちから言われとうわけじゃないもんね。

前方に座っている3年生は見えないと思うけど、あなたたちはこんな態度を取る下級生に心から感謝しなくちゃいけないし、でも逆に、そんな校風を残してくれたのは3年生自身だと思うなぁ…。これは全校の誇りだと思います。まず、そこに感動しています。ありがとう。

過去にないたくさんの方々にご臨席を賜りまして、また平日の開催にも関わらず、たくさんの保護者の方々にわざわざ出席いただいておりますことに、心からお礼申し上げます。

教頭先生と昨日からずっと話しよって、僕は先生方が途中から泣いて、たぶん仕事にならないと思ったんです。今日は泣くやろうなぁと思って、みんなが登場する姿を見よったら、古賀先生の袴姿がおかしくなってきて、途中から笑いをこらえるのに必死になってしまいました…。

と、ばかばかしい話をするわけにはいかないので、短くみなさんに伝えていきたいと思います。

卒業証書の授与だけで優に50分かかりました。効率だけを求めるならば、代表者に渡すだけで済むはずなんですけども、立花高校を創設された安部清美先生の想いを後に継ぐ我々としては、それは絶対できない、一人ひとりに卒業証書を渡すことは絶対にしなくちゃいけない、絶対に曲げちゃいけないことなんだと思います。

十分それができているかと思えば、反省もたくさん先生方はあるんだけど、やっぱり『一人ひとりを大切にしていたい』というのがいちばん根底にあるので、すごく時間がかかってしまいましたけれども。

突然ですが、3年生に質問します。

今日、卒業してしまったら3年生じゃなくなるんですか?　気が変わった人は卒業証書、返してください。

もう一つの質問。1年間でいちばん暖かい季節っていつですか?

7月?　そうやね。でもね、本当にそうなのか疑ってかかってみてください。

今、ちょっと暖かくなり始めているけども、肌寒さを感じる頃ですが、でも、寒さを感じているからこそ、お家に帰ったときにほのかな暖かさを感じたり、こたつの中に足を入れた時の温もりであったり、何倍も君たちは感じてくれるはずです。

つまり、僕としては、1年でいちばん暖かい季節は『冬』だと思ってます。

なぜならば、暖かさに気づくことができるから。

夏のように、暑い、暖かい中にいると、それが大変なように思えてきます。『暑いなぁ』

『きついなぁ』って。不思議やね。冬場、寒ーい中で、暖かさに触れると、本当に心に沁みます。一年でいちばん暖かい季節は、冬です。

　ならば、立花高校の君たちが歩んできた道のりを考えると、何の気もなく立花高校に入学してきた人はいないはずです。立花高校に入らざるを得なかった、うちと縁があって入ったけれど、それまで辛かったという人たちです。また、保護者の方には言うまでもなく、今、子どもたちがもらった卒業証書がただの紙切れでないということを、どこの卒業証書よりも重い、一枚の重みというものを、親子で何万倍にも感じられているんじゃないかなと思うんです。でも、そういう日々があってこそ、君たちの中に根づいたものがあるならば、それは『温かさ』であり『優しさ』だと確信しています。

　常に先生方を気遣って、仲間を気遣って、自分たちでこの集団を創り上げていったこの学年というのは、素晴らしい学年だったなぁ。手前味噌で申し訳ないけれど、先生方のファインプレーだと僕はそう思ってます。

相当な覚悟で、君たちのありのままを受け入れた先生の愛情なしで、この雰囲気は絶対生まれなかった。

今日、久しぶりに制服姿を見た人たちがいます。さすがに卒業式だから、制服を着てくれた。いつもの通りって人も来とるし、でも、なんでそれをギャアギャア言われんかというと、うちの先生方は、あなたたちの中身を見てくれとるからです。

一人ひとりの中身を大切にしてくれているから、それを信じて寄り添ってくださった自慢の先生方だなぁ。だから、卒業生、在校生、保護者の方…というわけじゃなくて、この集団が大きく一歩一歩積み上げていった成果だと心から誇りに感じます。

本来は、入学してきたときの人数からすれば、もっとたくさんの卒業生がいたはずです。少ないとはいえ、志半ばで本校から縁がなくなってしまった人もいました。また、当然のことながら、I君の存在も忘れることはできません。元気でおってくれたら、この中のどこかで卒業証書をもらったことでしょう。

今現在、入院中の生徒もいます。勇気を持って4年目に残ろうと決断をした人たちもたくさんいますし、おそらく5年、６年と時間をかけて卒業していく人もいるでしょう。みんなで歩んできた道なんですが、これから先の話を一つだけさせてもらうならば、大人は言います。『それじゃ、社会に出たら通用せんとぞ』って。『社会に出たら、これが必要やぞ、もっとこげんせんといかんやろうが』って。

開き直った言い方で申し訳ないけれど、それを子どもたちに求めるくらいなら、あなたたちが当たり前のままでいれる社会をつくるために、僕ら大人たちが社会に声をかけるべきです。

あなたたちは何も変わらんでよか。『卒業やから、もっとこうせんといかん』、『がんばらんといかん』と思わんで、今のまんまの君たちでそのまま社会に出れば、必ず可愛がってもらえます。絶対に大丈夫だから心配するな。その代わり、ここで見せた優しさ、温かさをそのまま社会に発揮してください。それがいちばんの願いです。

長く、我々は君たちに光を当てようとして頑張っていたけれど、違いました。君たちこそが社会を照らす光となって、堂々と卒業していくわけですから。

毎年同じことを言いますけども、『校長ちゃん』って言ってくれよった子は就職したら『社長ちゃん』っていきなさい。もし、それで首になるくらいやったら、そんな会社やめとけ。それのどこがいかんとかいな。こんなに先生たちをあったかい気持ちにしてくれたあなたたちが、立派なふりをして立派な仕事をするよりも、社会に出て『社長ちゃん』って言ったら『わぁ、あなたどこの卒業生？　立花？　素晴らしいねぇ、社長ちゃんていわれたのオレ生まれて初めてじゃ』ってその人に思わせたら、君たちの勝ちです。前、マンションの管理人さんに『管ちゃーん』って言って、こっぴどく叱られた人もいたそうですが（笑）。現実は厳しい。

でも、そのままでいい。あなたたちは社会におおらかさを広げる天使の役割をもって、ここから卒業していきますので、ここから立派になろうなんて絶対思わんでいいけんね、頼むからそのままの君たちで巣立ってください。それが100点です。

何一つたりないものはありません。できないことじゃなく、できていることに目を向けて、それを社会で発揮してほしいなと心から願っています。

立花高校、ここから先、もっと立派な学校になっていこうとは思っていません。このままの学校を守り抜いていこう、誓いを新たにしています。どうか母校を訪ね、先生たちを元気づけ、そして、君たちも先生たちから元気づけられて帰ってくれたら嬉しく思います。

毎年同じことを言いますけども、お別れするのがいやなんです。私たちはここから先もずっと繋がっているし、何よりも自分と他者の違いを受け入れて、それを騙したり貶めたり辱めたりせずに、お互いを受け入れていける寛容な社会が醸成されるようになるためには、立花高校の卒業生たちの力が絶対必要です。だから、こんなにたくさんの来賓の方々が君たちの応援団として足を運んでくださってるんですね。社会は10年前と違って、全力で立花高校を認める新しい時代に入ってきている。

だから、君たちも不安がらずに安心して、社会で立花高校の生徒であることを力強く名乗ってください。絶対に成功します。

保護者のみなさん、改めまして3年間、中には4年、5年、やっと卒業にたどり着いた子もいます。本当にお世話になりました。ありがとうございました。

不十分な教育活動であったろうと謙虚には考えておりますが、謙遜は申しません。今のこの姿が、全職員の全力の結果です。どうかお許しください。我々も精一杯やりました。とはいうものの、ここから社会で苦労することもあろうかと思いますが、その際にはどうか遠慮なく本校を訪ねて、今までと同じように我々と手を握り合っていきましょう。

卒業したから社会に出たからもう来ちゃいかんじゃ、うちはないです。校歌の歌詞に恥じないような学校でありたいとこれからも思っていますので、変わらずみなさま、本校を頼っていただきたいし、また、経営的にも社会的にもうちの学校、まだまだ過渡期にございますので、これからも社会の一員として立花高校を支えていただきたいと心から伏してお願い申し上げます。

おめでとう、なんて言いません。めでたいと思っていませんから。こんなに悲しい日になんでおめでとうなんて言いましょうか。残ってくれ、頼むから。返してくれ、卒業証書。そしたら、お別れせんで済む。これが本音です。

お別れいややねぇ、たまらんけど、元気でね。

きりがないので終わりますが…。

ありがとう。君たちからたくさんのことを学びました。後輩たちにそれを大事に受け継いでいきたいと思います。あったかい学校をこれからも守っていきます。先生たちを代表して、ありがとうの感謝を心から伝えたいと思います」

（第７代校長　齋藤眞人）

# 付録

# 「心からのメッセージ」

## 「心からのメッセージ」再編版

立花高校では2004年から「心からのメッセージ」と題した文集をつくり、不登校対策に対する理解や啓蒙のために地域やメディアへ配るようになりました。何がきっかけで不登校になったのか、当時の心の内や登校するようになったきっかけなどが率直に語られています。

その時の親御さんの気持ち、立花高校に入ってから卒業までの道のり…過去の文集から再編して、不登校を克服した卒業生の本音、保護者としての想いを届けます。

### 今を思いっきり生きる（T君）

僕は中学校に入る段階で、不登校になりました。環境の変化になじめず、自分の存在を認められるにはどうしたらいいのか、自分のポジションのようなものを見つけられなかったことがきっかけでした。

少しいじめられていたこともあって、夏休みを過ぎてから不登校になりました。そうしているうちに、今でもはっきり覚えているのが「中学2年の10月30日午前1時」。その時に、ふっと「僕という人間って、いっぱいいる中のたった一人」なんだって思った。砂を掴んで、こぼれていくような1粒の小さな存在なんだなって思ったら、「じゃあ、何やってもいいんだ、自分さえそれをわかっていたら」って思ったんです。全身の筋肉がすうっと緩んで、そこから楽になりました。

自分のポジションとかプライドとか、ずっと考えていて1年。それだけ考え続けないと人間って答えが出ないと思ったし、悩み続けるのが人生なんだなって。

僕が言えるのは、自分の人生、遅かれ早かれ何かしら迷う時期がくるってこと。できる子が一等星だとしたら、僕は八等星ぐらいかもしれないけれど、輝いてはいるかなって。

それから、立花高校に入って、いろんな人がいるんだと思いました。今までいた世界は狭過ぎたかもしれないと思ったし、不登校なんて偶然が多いですよね。うちは両親が不登校に対して寛容だったので、姉も不登校だったし、あまり悩まなかったかな。

家にいた時にずっとラジオを聞いて過ごしていたので、将来はラジオの仕事がしたいと思って、卒業したら専門学校に行きます。

先のことは考えてもしょうがないから、今を思いっきり生きること。自分から見たら、周りの人たちは結構頑張って生きているなぁと感じます。だって、生きてるんだもんね。

振り返れば、僕たちの中には話し下手な子がいるから、問題を抱えている子たちをはじめ、みんないっぱい話してほしいです。話したら気持ちは伝わるし、伝われば手も繋げるから。

## 自分が出せるようになって変われた（Nさん）

学校に行けなくなったのは、中学1年生の2学期から。母から高校入試のために部活に入っていたほうが有利と勧められて、遅れて入ったんですが、もうみんな友だちのグループというものができあがっていてなじめなくて…。あとは、1学期に学級委員をやっていたんですが、2学期に委員が替わってほっとした途端、ガタガタと休みがちになっていきました。

学校に入った時から、小学校の雰囲気とは違って冷たく感じたというか、返事一つとっても厳しかったり、進学に有利だからあれこれせないかんという、そのギャップに戸惑いました。

不登校になってからは、あすなろ教室（古賀市適応指導教室）に行きたい時に通って、3年生の頃には学校の保健室で先生とおしゃべりしていました。少しでもみんなの輪の中に入っていきたいなぁと気持ちはあったんですが、最後までは入れませんでした。授業は追いつけないのがあって別室で特定の科目を少しずつ勉強していましたが、ただ給食の時間だけは、友だちが保健室に迎えに来てくれて教室で。みんな親切でした。

近くて行きやすいかなということもあって、立花高校に決めたものの、初めてあの坂を見た時は驚きました。行けるかなと不安だったけど、3年間皆勤で通えました。

最初のうちは、1日休んでしまうと来れなくなるんじゃないか、教室に入れなくなるんじゃないかって不安だったので、熱があっても行きました。

立花でのこの3年間が、今はすごい自信につながっています。その中でもいちばんきつかったのは、1年生の時、友だちできるかなって。身体測定の時に思いきって話しかけてみたら、仲よくなれて嬉しかったです。

立花に入って変わったことは、おどおどしていた3年前と比べて「自分が変われた」ということ。自分を出せるようになって、母親にも今は何でも言えるようになりました。

もし私のように不登校の子がいたら、「気を張る必要はないよ」と伝えたいです。立花では先生に気軽に相談できるから。なるようになるよって、今だから言えます。

## ゼロからのスタートがよい方向へ（Sさん）

小学校5年生の時にお母さんの仕事の都合で、引っ越してきたんです。転校先の小学校は、1カ月30冊本を読まなきゃいけないような学校で、先生も合いませんでした。新人の先生で精一杯だったからか、私が不登校になっても家に来なかった。3カ月して小学校を替わって、次の学校は先生もクラスメートもよくしてくれたけど、友だちのグループができていて、仲間に入れませんでした。

その後、ずっと家に来てくれていたカウンセラーの人と外で食事するようになって、中学3年生の時に、不登校の人が集まってるからって市役所に誘ってくれたのをきっかけに少しずつ外に出れるようになりました。

高校には行かなきゃという気持ちはあって、みんな外から集まってくるし高校だから行けると思っていたけど、受かった高校の面接で、ここはいやだと感じて、1年間また市役所へ。

立花高校は不登校生が多いから、分かり合える子が多いよと聞いていたんです。私はいじめに遭ったわけでもないし、行けると思ったけど、勉強していないことでついて行けるかが不安でした。

入ってみると、授業には割とついていけたし、友だちどうやってつくるんだろうって思って不安だったけど、2〜3日してTさんに話しかけられて、自分では声をかけきれなかったからとても嬉しかった。それで、クラスもよかったし、慣れてきたのもあって、自然に皆勤で通えました。

思えば、1年遅れたことや立花高校に来たことすべてがよい方向に向かったなって。新しい環境、新しい友だち、高校はみんなゼロからのスタートだからよかったのかもしれない。

不登校の状態の時は、「おいで」って言われても意固地になったり、気持ちが向くまで時間がかかるものだし、きっかけやタイミングが大事なのかも。うちは母が少しずつ導いてくれたような気がするし、高校で友だちになるってこんな感じなんだって、わかった気がします。

## 「枠組み」に縛られない生き方（Yくん）

僕の場合は、中学の頃、強迫神経症(※)みたいな感じになって薬で症状を抑えながら、登校していたんです。発端は友だちとの付き合いから。お腹が痛かった僕に向かって、「どうしたと？」と言いながらも「遊ばん？　友だちやろ」って言ったんですね。

その時、「友だちって何だろう？　かたちに縛られたくない」と思うようになって、学校に行かず遊び歩くようになったんです。でも、だんだんと自分だけ勉強してないことが「恐怖心」や「あせり」になって出てきて、これ以上自分が落ちていかないように「やり直そう」と思いました。

うわべだけの友だちはすぐつくれるけど、心からの友だちを得るのって難しいと思ったし、先生も、いったん不真面目だった自分に振り向いてくれようとはしなかった。

家庭内でも問題があって、うちは自分以外、女兄弟で、父も帰りが遅かったんです。女系家族の中で疎外されて育ったことで、潔癖症になっていった。

それで、だんだんと自分の症状を調べていくようになって、潔癖症を治すには、友だちを見つけて付き合っていくことだというところに行き着いたんです。

何かやりたいことを探したほうがいいとも思ったので、テレビを観て、かっこいいなと感じた油絵を習おうと画塾に通うようになってから、向上心が持てるようになりました。

立花高校に入ってからは、それまではねつけていた人の意見も「そういう考え方もあるね」と受け入れられるようになった。それは画塾で学んだことでもあるけど、頑張ってる周りの人を見て「オレもやらないと」と思うようになったんです。

不登校が増える理由は、一番に周囲の人とのコミュニケーションがないことが原因かなと思うけど、メディアの伝え方や情報が多過ぎることもあって、「勝ち組」「負け組」っていわれるじゃないですか。そういう枠組みにとらわれてマイナス思考になる人が増えてきてるんじゃないかなって。勉強についていけないことで自信を失ったり、人に会うことも恥ずかしいと思うようになって対人恐怖症になったり…。

今はそれまで自分の中でつくり過ぎていた「枠組み」に縛られないようにしながら、友だちとの関係も楽しければいいと思えるようになったし、友だちと情報交換しながら、いろんなことをもっと知ることが人間形成の上で大事だと思っています。

※強迫神経症とは…強迫症状を主症状とする神経症。不愉快な感情や非現実的想念が起こり、その不合理性や非現実性は理解できるが、その理解に基づいて否定すればするほどさらに強く迫ってきて、どうにも処理できない状態に陥る。多くは不安感を伴い、自覚的にも病的と感じられる。

## 仲間を信じることが大切（Uくん）

小学校6年生の半ばから、中学1年になって2学期から不登校。

家の事情で1カ月ほど学校を休んだ期間があって、戻ってきたら勉強についていけなくなって。その時の中学校の先生が家に来て、無理やり引っ張っていかれてから、さらに行けなくなりました。

家では、父が出かける時、1回出て行くふりをして、またすぐ帰ってきてた。その後、バレて「学校に行け」って言われたけど、両親はそのうちあきらめました。

本当は中学に行きたかったけど、勉強がわからないし、先生とも合わなかったし、担任が変わってから、1回だけ学校に行ったけど、やっぱり授業についていけなかった。僕だけのために授業のペースが遅れるのもいやだったし、とくに受験シーズンは…。保健室で過ごすことも勧められたけど合わなかった。

親がうるさいから、外に出て一人でうろうろしたりして、家はピリピリしたムードでした。そのうちに毎週金曜日に行っていた児童相談所でNくんとTくんと知り合った。

「一緒に高校行かん?」って言われて、立花高校へ。入学試験は習ってなかったから、ほとんどできなかったけど、もしも勉強できていたら中学も楽しかったかなぁって思いました。

立花に入ってからは、不登校生が集まっていることもあって、勉強でわからないところも聞きやすかったし、学校に通うのが楽しくなった。お互いにわかる所を教えあったりもして、これが友だち、仲間なんだなって思うようになりました。

中学の時の友だちとも普通に話せるようになって、もっと友だちを信用していればよかったのかぁって。勉強のことはあったけど、信じることが大切かなと今は思うし、中学に行ってなかったからこそ、そう思えるのかもしれないですね。

僕の場合は勉強についていけなかったせいで不登校になったので、もう少し気にかけてもらって別メニューで教えてもらってたら違ってたかもしれないと思います。

でも、学校でなくてもいいいから、どこかで仲間ができることがいちばん大切。児童相談所では、命令でなく、「何やりたい？」って雰囲気を大切にしてくれた。そういうところも感謝しています。

## あなたもきっと変われる（Kさん）

人と付き合うことが苦手で学校が嫌いだった私を、変えてくれたのが立花高校でした。

目標のために高校に行かなければいけないことはわかっていたけれど、何をすればいいかわからない私は、中学校時代、太っていたことでいじめに遭ってから、持病だった喘息がどんどんひどくなって、ほとんど学校に行けませんでした。

受験期になって、看護師になりたかったから、そのコースのある高校を受けたけれど、出席日数が足りなくて落ちました。休んだら休んだだけ、勉強にもついていけなかったのもあって、それを取り戻す場所もなかった。

でも、看護師の夢はあきらめたくなかったから、高校にはどうしても行きたかった。高校浪人中は屋形原養護学校に行っていて、そこで同じように喘息持ちで看護師になった人から「やろうと努力すれば、できないことはないんだよ。神様は乗り越えられない試練はあたえない」って教えてもらって。それが今の支えです。

そんな時、養護学校の先生から「こんな学校どうかな?」と勧められたのが、立花高校でした。パンフレットの中のみんなが楽しそうに見えて、「ここなら自分が変われるかもしれない」と思いました。

最初は、30人のクラスなんて人数多くてとんでもないと思った。でも、「自分には目標がある、やれる」と言い聞かせて。勉強ができなくても、先生たちは優しく教えてくれたし、最初は喘息の発作も隠していたけど、ある日友だちが「隠さんでいいよ」って言ってくれて、倒れた時にはいつも助けてくれました。一生の友になれそうな友だちができた。立花にはあたたくて不思議な雰囲気があって、自分でも驚くほど話せるようになったし社交的になったと思います。

相談できる仲間がいる。それが幸せ。立花高校が私を変えてくれたように、今変わりたいと思ってる人も、きっとどこかに自分の居場所があるし、変われると思います。

「学校が楽しい」。そう思えるのは、友だちや先生に囲まれて、緑の多いこの環境にいるから。立花高校に出会えて、本当によかった。

## ここなら「行こう」と思えた（Hさん）

小学5年生の頃から学校に行けなくなって、6年生の修学旅行は無理やり行かされたけど、その頃から急に学校が怖くなった。自分のものがなくなったり、いやなことをされたことも何度かあって、先生にも言えず、人の視線を気にしてしまうようになりました。

学級閉鎖で3日くらい休んだら、すごく楽でそのまま行きづらくなって。母に引っ張られて校門まで連れて行かれても、そこから歩いて帰って来たりとか、家ではテレビを観て料理を作って、たまに本屋に現実逃避しに行ったりして、会わないようにしてたのに、たまに同級生に会うと「あっ！」と言われたり、時々学校に行っても「来てる！」とか驚かれて、人と合わせることが何かときつかった。

転校してからも、やっぱり1カ月くらいしか登校できなくて、先生が迎えに来たり、クラスメイトが手紙とか寄せ書きくれても、それがすごくきつくてプレッシャーで余計行きたくなくなって…。

何かきっかけがあったらとは思ったけど、そっとしといてほしい時とかありました。仕切り直しと思って、行った中学校も何かがしっくりこなくて。学校に近づいてくると、お腹が痛くなったりして、行けない時はまた先生がやって来て…小学校の時の繰り返しですね。

立花高校では、そういうきつい感じがなくて、休み時間とか話しかけるのも心の準備が必要だったのが、話しかけたくない時は話しかけないでよかったし、気をあまり使わなくていいから居やすかった。

勉強面でも、今までは勉強の仕方がわからなくて、どんどん置いていかれてたけど、わかってくるとだんだん面白くなっていきました。基礎から教えてくれるのがよかった。覚えるのは、もともと好きだから。
ここに来て、「行かないかん」じゃなく、「行こう」と思えるようになったし、行ったらけっこう楽しくやれました。

小中を振り返れば、不登校になって勉強についていけなくなった人のために、しっかり教えてくれるようなシステムがあったらと思います。あとは、きっかけが重要かなって。私の場合は、立花高校との出会いやったけど、家から小学校まで30秒、中学校までは30分の道のりより、立花まで1時間半のほうが私にとっては、はるかに近かった。気持ち次第で、こんなにも感じ方が違うんだって。

## 立花は「考える力」や「自分をどう活かすか」が身に付く学校

立花高校の教育と常にともにあるのは、不登校の子どもたちと向き合ってきた、保護者の方々の存在。立花に入ったことで感じた子どもたちの変化や教育について思うことなど、6人のお母さん方による座談会でざっくばらんに話を伺いました。

「最初は笑えんかったよ、泣きよった」。一人のお母さんの言葉に、他の5人の保護者の方々もみんな一同に頷きます。

「でも、周りが同じような境遇の人たちだから、話をしていて安心したよね」と、自分の気持ちを解ってくれる人、理解者がいることで、みなさん、まず救われたとも話します。

不登校生が兄弟2人になった時は、「自分を責めた」というお母さんも。

「だけど、先生から不登校になった子がいたら、下のお子さんもそうなることがありますよと聞いて、一般的に言えば、甘えの連鎖みたいなものが出てくるのかなって」

とはいえ、兄弟姉妹がみんな同じ状態で不登校になったわけではないし、それぞれに学校に行けない事情がそこにはあるといいます。

「うちは逆に、学校に行っている子のほうが、やれ試験だなんだかんだで、課外授業のために朝6時過ぎに家を出たりする姿を見ると、本人は楽しいみたいやけど、頑張りすぎるのは…ってたまに心配になってくるし」

「立花高校を知ると、頑張る子にあまり頑張らんでもいいよ！　って言いたくなるよね。いろいろと個々で接し方も違ってくるから難しいよね」


あるお母さんは、4年間、立花高校の子どもたちと先生を見ていて、「一つだけ言えるのは、立花は決して甘えた空間じゃない」と話します。それは、それぞれの子どもの状態を見ながら、受け入れてくれているのがわかるから。

「甘やかしているわけじゃなくて、その子が今何を求めているかタイミングを計ったりしてくれてるんだよね。私たち親も、甘やかして学校に行かせていないんじゃなくって、1回休憩することによって、子どもに頑張ろうって力が出てくるのを待つ感じ。うちは上の子2人が卒業したのを見て、一番下の子が卒業しようとしているところ。経験上、それを見てきとうけん。立花高校は、すべての子を受け入れるというところから始めるけど、卒業までの単位取得を生徒が自分で考えないかんけん、ある面厳しいと思う。卒業後の自分の姿が思い描けないから、敢えて卒業を延ばして自分のペースで整えてから4年目で卒業しようという子たちもいる」

すでに敷いてあるレールの上を行くわけではないから、単位を取ることも卒業も自分次第。ある面、普通校の生徒より厳しさを知ることにもなるのです。

「自分で単位の取り方や卒業の仕方を考えて、学校に通うから、そこで考える力や自分をどう活かすか、身に付くようになる。４年目以降になったら、景色が変わるって言う子がいるけど、本当にそう思う」

「そうやね。普通校では赤点を取らんどけば、卒業までは決まるけど、ここでは違うけんね。自分で卒業まで、１単位１単位計算しながら勝ち取っていかんといけん」

「適当に学校に行って、適当にしよって卒業してきた私だったら、行ききらんと思うねぇと娘たちと話すっちゃけど、適当にしよって卒業できる学校じゃないと思うよね。何でも自分で決めないといけんから」

自分で決める。そのことが子どもの成長につながっている、とみなさん実感しています。

立花高校に通うようになって、子どもたちにはどんな変化が生まれてきたのでしょうか。

「最初は学校まで車で送っていたのが、少しずつ電車に乗って自分で行けるようになって、友だちができたことで帰りに寄り道できたりして、引きこもりだった子が…と思うと、ほんと成長してるのを感じます。子どもにも、1年生の時に何年かかってもいいけん卒業したらいいと言いました。だから、自分のペースでのんびり構えてますね」

「うちの子が立花高校に入ってよかったと思うのは、先生がちゃんと話を聞いてくれて、ちゃんと見てくれているということ。それがいちばん嬉しいと言ってます」

先生や友だちという理解者がそばで見ていてくれる安心感が子どもたちにやる気を出させているのです。


「うちは不登校じゃなかったけど、発達障がいというところで理解してもらえなかった。中学校の時は、学年主任の先生から〝お前は発達障がいだから行く高校はない〟と言われましたが、担任の先生が〝ここやったら合ってるし、きっと伸びるから〟と立花高校を紹介してくれて。そうしたら、相性が良過ぎて、こんなに勝手気ままでいいのかなと思いながらも、楽しんでくれたらいいかなと、苦しい3年間より楽しい3年間のほうがいいです し。入る前までは、高校行かんで旅人になろうかなぁ、なんて言ってたんですよ」
「旅人、いいねぇ、大賛成！」と盛り上がるお母さん方ですが、子どもたちが不登校を乗り越えて、学校へ行ってくれるようになったことが何より嬉しかったと振り返ります。

「うちの上のお姉ちゃんは、いじめを受けて学校に行けなくなって高校中退してるから、立花に通う下の娘に〝あんた、いいよね。学校に行けれよっちゃけん〟って…。今になってやっぱり後悔してるみたいで、〝羨ましいな。私と替わろうか〟って言ったりすることがありますね。何年かかってもいいから、頑張りぃよって」

「うちの子も中学1年生の時にいじめに遭って、不登校になるかなぁって思ってたら、友だちが毎日毎日、正門で待っていてくれて、〝明日も待ってるからね〟ってその言葉だけで通った3年間でした。高校も、いい友だちと先生と環境に恵まれてるから、みんなと一緒に卒業したければ頑張ってねと話してます」

高校生活で、友だちが増えていく喜びを感じるとともに、立花高校に来るまでにほとんどのみんながいじめや友人とのトラブルを経験しているからこそ、適度な距離感で付き合え、いい関係性が築けるようです。

「談話室とか家庭科室で、一緒に昼ごはんを食べながら友だちになっていくみたいやね。でも、仲のいい子が休むと、他の子の輪の中に入りきれず、独りでぽつんと食べたりもしてるみたい。だけど、独りも慣れてるから平気らしい」

「ある意味、自由というか、何日休んでも幽霊扱いされたりしないしね」

「ずっと休んだりしてても、やっとのことで学校に来たら、担任の先生が顔を見るなり、〝よお…来たねぇ！　偉かったねぇ〟って。子どもが教室に入りきれないのも知ってて、一緒に教室まで連れてってくれて、クラスメートにも話しかけてくれるように話しておいてくれてたり。それがきっかけで、仲良くなった子と帰り道一緒に帰ったりして…。周りの子たちも同じような感覚だから、悲しいことと辛いことも笑い飛ばせる」

郵　便　は　が　き

料金受取人払郵便

８　１　２－８　７　９　０

博多北局
承　認
3150

169

差出有効期間
2021年７月
31日まで

福岡市博多区千代3-2-1
麻生ハウス３Ｆ

㈱ 梓　書　院

読者カード係　行

ご愛読ありがとうございます

お客様のご意見をお聞かせ頂きたく、アンケートにご協力下さい。

| | |
|---|---|
| ふりがな<br>お 名 前 | 性　別（男・女） |
| ご 住 所 〒 | |
| 電　　話 | |
| ご 職 業 | （　　　　歳） |

# 梓書院の本をお買い求め頂きありがとうございます。

下の項目についてご意見をお聞かせいただきたく、
ご記入のうえご投函いただきますようお願い致します。

| |
|---|
| お求めになった本のタイトル |
| ご購入の動機<br>1書店の店頭でみて　2新聞雑誌等の広告をみて　3書評をみて<br>4人にすすめられて　5その他（　　　　　　　　　　）<br>＊お買い上げ書店名（　　　　　　　　　　　　　　） |
| 本書についてのご感想・ご意見をお聞かせ下さい。<br>〈内容について〉<br><br><br>〈装幀について〉（カバー・表紙・タイトル・編集） |
| 今興味があるテーマ・企画などお聞かせ下さい。 |
| ご出版を考えられたことはございますか？<br>・ある　　・ない　　・現在、考えている |

ご協力ありがとうございました。

できないことを嘆くより、できることを認め合う。

ここでも、立花高校のその精神が、先生方はもちろん、子どもたちに理解されていることが見てとれます。登校してきた子を優しく受け入れる思いやり。自らも同じような経験をしていることで相手の気持ちをおもんばかることができるから、それが教室の雰囲気となり、校風となって表れているのです。

話しながら、意見が満場一致するのは「生ときさえすれば、未来は何とでもなる」ということ。

「いじめや体罰による自殺事件を見ていると、うちの子は〝いじめられて死ぬくらいだったら、不登校のほうがいいなぁ、生きてられるもん。美味しいものも食べたいし〟ぐらいのことを今は言えるようになってますが、以前は自殺した子と同じくらい悲惨な体験もありましたし」

「それを思うと、立花は入学式の時も先輩たちが手助けしてくれて、あんなに温かい入学式は他にないんじゃない？　自分で良し悪しを決めないかん、考えんといかん、ある意味きついし、あの坂もきついよねぇ。でも、例えば立花高校は生徒会が活発で、いろいろ意見やアイディアを出せば、それがきちんと受け入れられるから、自分たちで自主的に考えようというステップアップにもなる。他の高校では、公立だからかわからないけど、いろいろ要望を出しても結局は先生たちに却下されることも多いと聞くし、校長が携帯電話の番号を教えてくれるところもまずないでしょう。それほど、生徒一人ひとりを大事に想って、見てくれてるということよね」

## 母からのメッセージ

「立花高校の空気に触れると、ゆっくりでいい、回り道でいい。大丈夫、大丈夫。そんな気持ちになってきます。丘の上の学校には、愛がいっぱいつまっています。子どもたち一人ひとりのありのままを受け入れてくれる立花高校に出会えたことに感謝。この先もずっと、子どもたち、そして地域社会をも包み込み、世の中をおおらかで温かい立花色に染めてほしいです」

「命がけの子どもを見て、中学校にはもう行けないと決めた日から、不登校への理解のない世間の目から子どもを守らなければいけない私の闘いは始まりました。一般常識、普通、当たり前…今まで生きてきた中でいろんな鎧をまといながらなんとか社会に順応していましたが、立花高校では、その鎧は必要ありませんでした。親でも気づかないような子どもの小さな一歩に気づいて寄り添ってくれて、まん丸な心で〝今のままでいいんだよ〟って本気で声をかけてくれる先生がいてくれます。否定され続けてきた私たち親子にとって、それがどれだけの生きる力、明日への一歩になったかわかりません」

「体験入学、教育相談に参加した時に、校長先生のお話に感動し共感しました。入学するまでに、校長先生の講演会や学校の行事に参加したり、在校生の保護者の方のお話を聞いたりする度に、親子で立花高校に惹かれていきました。先生方のあふれんばかりの愛情の中で学生生活を送る娘をうらやましく思います。立花で、感謝の気持ち、優しい気持ちを育んでいける子どもたちは幸せです」

「まさか我が子が2人も不登校になるとは思わず、複雑な思いで立花高校の学校見学に行った際、先生の口から出た〝今まで辛かったですね〟という思いがけない言葉に、号泣してしまい、息子もその一言で立花に行くと決めました。入学してからは、親子で学校に行くのが楽しくてしかたなく、心のある先生方がいることに、しみじみと感謝した3年間でした。そして、今は娘が高校生活を楽しみながら、丘を上っています」

「宇宙人みたいな息子を安心して通わせることのできる学校がある。校長先生の講演を聴いて感じたあの嬉しさ、今も忘れられません。入学してからも〝上級生でいばってる人もいないし、突然話しかけられたりしてびっくりするけど、楽しい学校だよ〟と、息子はずっと笑顔でいられました。月日は流れても、ずっとずっと今のままの立花高校であってほしいと思います」

「立花に入って、学校を休む日もありましたが、娘は少しずつ笑顔を取り戻していきました。子どもに合わせて、温かく見守ってくれた学校生活があったからだと感謝しています。進路についても、本人の希望に合わせて支えていただきました」

「坂の下から校舎を見上げると、いつも涙が出ます。そして、自然と〝ありがとう〟とつぶやきの声が出ます。娘も明るくなって、子どもと同様、私も立花高校のために役立つことができればと思うようになり、保護者会という居場所が心地よいものとなっています。学校に来るたびに得られるものがあり、出会いに感謝しています」

「子どもが不登校で、まるで抜け出せないトンネルの中にいるような気持ちでいた時に、立花高校に出会いました。いつも温かく迎えてくれる先生方や友だちの中で、息子もだんだんと自分が出せるようになっていきました。親子共々、自分のペースで安心して過ごせるようになり、感謝の気持ちでいっぱいです。立花高校バンザイ！」

「立花高校と出会って、娘も私も大きく毎日が変わりました。まだまだ先は見えませんが、立花で出会えたみなさんのおかげで、心にゆとりが生まれ、〝きっと大丈夫〟という思いが広がっています。これからもずっとつながっていてください」

「将来どうなるんだろうという不安から、今では〝なんとかなるよね〟と前向きな気持ちに変われました。親である私も、先生方と会って話をするだけで気持ちが楽になります。これから60年、70年と続いていく中で、この立花らしさをずっと貫いていってください」

「それまでくすぶっていた子も、いのちを燃やすことができる。立花高校は、そんな学校です」

# 発刊によせて

発行にあたり、立花学園の過去、現在、教育の精神等、ご紹介の機会を得たことは大変喜ばしく思っております。

少しでも保護者のみなさまの心の支えになれば幸いです。

さて、私が理事として着任して8年。深く印象に残っている言葉が、やはり安部清美校長の教育理念「一人の子を粗末にする時、教育はその光を失う」です。この理念が生まれた時代背景（昭和35年）と現代社会には共通点があります。それは所得の格差と母子家庭が多い点です。現在ではさらに高学歴社会、教育水準の向上により教育環境に対応できない子どもたちが増えています。このような教育状況の中、いじめ・引きこもり・発達障害の子どもが増え、この子たちを引き受けてくれる学校があってもいいのではないか、模索する動きがありました。

社会のニーズ、保護者のニーズにマッチして必然的に生まれたのが、全日制単位制高校、立花高等学校です。

有名校進学・高学歴を重んじる動きの中での方向性の転換には、教職員の格闘と英断、そして、数々の苦労があったことと推測されます。この独自性のある学校へ導いてくれたのは安部清美先生の教育理念が、脈々と受け継がれていたからではないでしょうか。

教育の現場から、日頃感じていることを五つ紹介したいと思います。

1. 個性を持った生徒にきめ細かい指導
2. 一人ひとりの生徒にじっくりと向き合い、深い信頼関係が結ばれている
3. 心の琴線に迫った個人的指導
4. 幸せの道筋を描く道案内人、父母・保護者・友達の身代わり役
5. 生徒たちに育ててもらっているという謙虚な心

このような教育現場から「魔法の言葉」が、次々と生まれているものと思います。

立花学園は、運営（教職員）・経営（理事会）の両論がうまく稼働している学校です。

生徒は個々が認められ、のびのびと学校生活を送っています。

今後も社会問題とも向き合い、子どもたちが社会に認められ、活躍できる学校を目指します。読者のみなさまには、今後ともご意見、ご指導を賜りますよう、お願い申し上げます。

学校法人 立花学園
立花高等学校　理事長　水落 清十郎

《編集後記》

この一冊が伝えたかったことは「空気感」なのかもしれません。原稿を読んでみて、言いたいことが山ほど残っていることに気付きました。最終稿を入稿した後も、日々ドラマは上書きされていくからです。毎日新しい発見が続きます。教育は科学です。制度やスキルなしに教育を語ることはできません。しかし、いかなる制度を整えても、いかに優れた科学的スキルを発揮しようと、この丘を包む不思議な空気は醸成されなかったでしょう。

出版には勇気がいりました。本校ですべての生徒たちがうまくいったわけではないからです。多くの涙も流れたであろう拙い取り組みであったことを謙虚に反省しています。葛藤もあります。自問自答の毎日です。それでも本校の先生方は、目の前の生徒を無条件に愛しています。

これからも「苦しい時に苦しいと言える『寛容の精神が醸成される社会』の実現」に向けて、全教職員で創設者・安部清美先生の想いを後世につないで参る所存にございます。

この想いを本にしてくださった梓書院の前田司さん。本校のありのままを受け入れてくださる地域の皆様。生徒・卒業生・保護者をはじめとする本校に関わる全ての皆さん。そしてこの本を読んでくださったあなたへ、深甚の謝意を申し上げます。本当にありがとうございました。

ママカフェから見える景色は、今日も穏やかです。のんびりとした不思議な空気です。

校長ちゃん

《装　丁》

写真提供／FBS福岡放送制作番組「君は君のままでいい　立花高校3年間の記録」より

デザイン／デザインケイアイ 木村由巳夫

《協　力》

前田亜礼（ライター）

富永大介（FBS福岡放送）

**推薦の言葉**

**日頃より立花高校の教育に、ご理解とご支援をいただいている皆様より、温かい推薦のお言葉を頂戴いたしました。誌面を借りて、ご紹介させていただきますと共に、厚く御礼申し上げます。**

立花高校は、閉塞感漂う日本の教育に光を照らす学校です。読み終わった後、「一人の子を粗末にする時、教育はその光を失う」という言葉とともに、全ての子どもたちのことを、愛おしくて愛おしくてたまらない気持ちになるでしょう。本来あるべき教育の姿に気づかされます。

『学級崩壊立て直し請負人』著者
教育実践研究家　菊池省三

「一人の子を粗末にする時、教育はその光を失う」(創設者　安部清美先生)
生徒・保護者一人ひとりの心に寄り添い、親身になり、一体となり、優しさと愛に包まれた、安心できる場所。そんな学校を本気で作ろうと強い覚悟を持つ、神様のような先生たちがいます。
それぞれの生き方、在り方に「そのままでいい」と受け入れる立花高等学校に通う生徒たちは、天使のような屈託のない笑顔を見せてくれます。次世代に責任がある私たちも必読の一冊です。

総合メディカルホールディングス株式会社
相談役　小山田浩定

「大丈夫。それでいいんだよ」。この言葉で、どれほどの子どもたちが救われてきたでしょうか。立花高校が貫く、「できないことを嘆くより、できていることを認めよう」という理念は、教育の現場に限らず、多様性が叫ばれる現代社会にこそ必要とされるメッセージだと思います。真の愛情に満ちた立花高校の先生、生徒たちの姿は、我々にたくさんの気づきと魂の成長を与えてくれます。

リーフラス株式会社
代表取締役　伊藤清隆

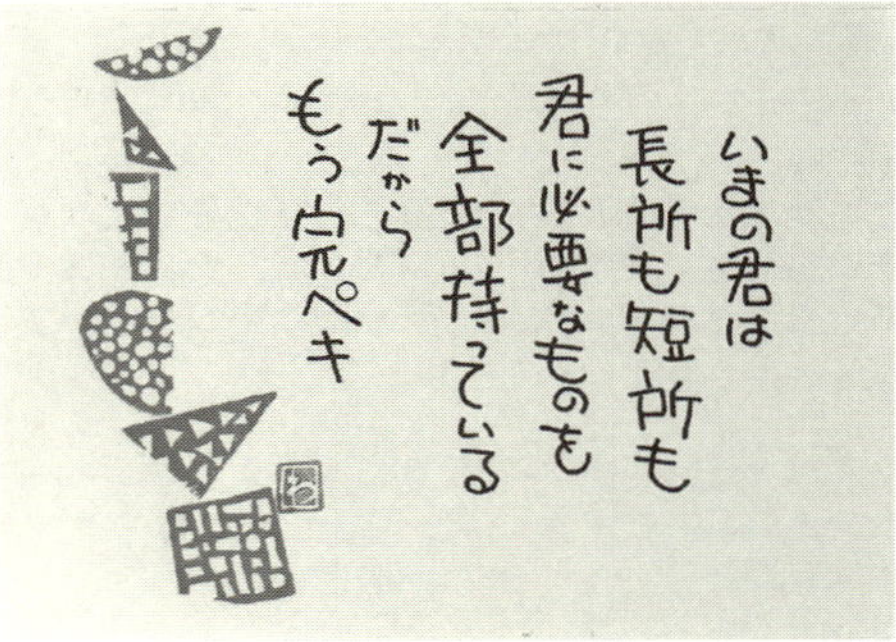


# 「いいんだよ」は魔法《まほう》の言葉《ことば》

## 君《きみ》は君《きみ》のままでいい

令和元年12月18日 初版発行

監　修　立花高等学校
編　著　梓　書　院
発行者　田村　明美
発行所　㈱梓書院
〒812-0044 福岡市博多区千代3-2-1
tel 092-643-7075　fax 092-643-7095
印刷製本　シナノ書籍印刷


ISBN978-4-87035-661-0